ENFERMOS DE PODER

*La salud de los Presidentes
y sus consecuencias*

NELSON CASTRO

ENFERMOS
DE PODER

*La salud de los Presidentes
y sus consecuencias*

VERGARA
GRUPO ZETA **z**

Barcelona • Bogotá • Buenos Aires • Caracas • Madrid • México D.F. • Montevideo • Quito • Santiago de Chile

Castro, Nelson
    Enfermos de poder - 1a ed. - Buenos Aires : Vergara, 2005.
    240 p. ; 24x16 cm.

    ISBN 950-15-2371-3

    1. Investigación Periodística. I. Título
    CDD 070.44

Enfermos de poder
Nelson Castro
1ra edición

© Nelson Castro, 2005

© Ediciones B Argentina S.A., 2005
para el sello Javier Vergara Editor
Av. Paseo Colón 221, piso 6 - Ciudad Autónoma
de Buenos Aires, Argentina
www.edicionesb.com

ISBN: 950-15-2371-3

Impreso por Printing Books, Mario Bravo 835, Avellaneda,
en el mes de noviembre de 2005.

A Elsa y Nelson,
mis padres y guías en la vida

ÍNDICE

PRÓLOGO

La vida me llevó desde chico por dos vocaciones bien definidas: el periodismo y la medicina. Y así fue que, con decisión, cursé las dos carreras. Muchos me siguen preguntando aún hoy el por qué de la elección de dos disciplinas tan distintas. La verdad es que no lo sé. Lo que si sé es que si bien son distintas no son distantes. Más bien diría, tienen un cierto grado de contacto. El médico trata a personas buscando prevenir o curar las enfermedades que lo afectan. El periodista informa y opina sobre los hechos producidos por personas. Y, por lo tanto, bien podría decirse que, como las enfermedades afectan a las conductas de las personas y que esas conductas son las que determinan los hechos producidos por los seres humanos, la cercanía de las dos profesiones surge casi a la manera de un silogismo.

Esta relación entre la medicina y el periodismo está en la base de este libro cuya idea nació en 1993 a partir del episodio de la subobstrucción de la arteria carótida derecha del entonces presidente Carlos Menem. Fue una situación de alto dramatismo en un momento político clave para el país. Sucedió a pocos días de una elección que había sido favorable al gobierno y que sería crucial para sustentar las aspiraciones de reelección de Menem. Mi doble condición de médico neurólogo y periodista hizo que yo tuviera algún protagonismo en el devenir informativo de los acontecimientos de esa jornada. Ocurrió que, como es común en muchos de estos casos que involucran la salud de un presidente, la información fue escasa y alejada de la realidad. Por empezar, cuando se comunicó el problema de salud del primer mandatario se aludió, como casi siempre, a una gripe. La realidad mostró que se trataba de otra cosa. Ese día, en el programa Hora Clave de Mariano Grondona, me cupo explicar qué era lo que le pasaba al presidente, qué era lo que le estaban haciendo desde el punto de vista terapéutico y cuál sería el resultado y la evolución de su cuadro.

El manejo de la situación me generó muchas inquietudes en cuanto a los distintos aspectos que rodean a un tema tan delicado como la salud de un personaje del poder. Por esas horas recordaba la forma cómo se había manejado el asunto de la salud del ex presidente de los Estados Unidos Ronald Reagan quien, en 1985, había sido sometido a la extirpación de un pólipo de su colon que se sospechaba era maligno. En esa circunstancia la abundancia de la información fue notable. Todavía estaba fresca en mi memoria la imagen de distinguidos profesores de medicina explicando, en los canales de televisión, cómo se hacía una colonoscopía y cómo era el procedimiento para extraer esa formación patológica. Me acuerdo de haber hablado con distintos colegas de los medios más importantes —The New York Times, The Washington Post, ABC, NBC, PBS— sobre la manera tan detallada de informar sobre el tema. En todos los casos quedaba claro que, con la delicadeza y el tacto del caso, esa información no podía ser ocultada a la opinión pública. Para ellos era indiscutible que la salud del presidente es un asunto de estado y de interés público.

La segunda influencia fuerte fue la lectura del libro de Pierre Accoce y Pierre Rentchnik, "Ces malades qui nous gouvernenet" —traducido al castellano como "El poder, los hombres y las enfermedades"— que, magistralmente, ilustra sobre las afecciones de algunos de los hombres más importantes de la historia del siglo XX y sobre cómo se manejaron en su difusión pública y sobre cómo impactaron en el devenir político y social de su tiempo y sus países. Algunos de esos casos se resumen, a modo de ilustración, en la segunda parte del libro.

Fue en ese momento que comencé a madurar la idea de este libro basado en los casos más relevantes que sucedieron en la historia argentina. La Argentina tiene un historial notablemente abundante en casos que comprenden a presidentes que sufrieron problemas importantes de salud durante su mandato. Cuatro de ellos murieron en el ejercicio del poder: Manuel Quintana, Roque Sáenz Peña, Roberto Marcelino Ortiz y Juan Domingo Perón. En el resto de los casos los problemas de salud provocaron episodios de alta conmoción pública y, en otros casos, fueron el origen de múltiples tribulaciones. Son los casos de Hipólito Yrigoyen, Eduardo Lonardi, Roberto Eduardo Viola, Carlos Menem y Fernando De la Rúa llegando hasta el actual presidente, Néstor Kirchner.

La búsqueda de fuentes de información fue ardua. Este es un tema sobre el que hay mucho ocultamiento. En ese sentido fueron de referencia los libros de Félix Luna para Roberto Ortiz y del mismo Félix Luna y Manuel Gálvez para Yrigoyen. Sobre Perón, más allá de los textos citados en el capítulo correspondiente, el libro del doctor Jorge Taiana, uno de sus médicos durante su tercera presidencia, fue de una riqueza extraordinaria. Para Lonardi se utilizó el aporte documental dado por los libros escritos por sus hijos y para Manuel Quintana los archivos de los diarios de la época. El desafío más apasionante lo significó el caso de Roque Sáenz Peña. Su penosa enfermedad de la cual, en aquellos días, todo el mundo hablaba, nunca fue mencionada por su nombre.

Sus detractores hablaban de una sífilis. En toda la bibliografía consultada, la única en la que se dice cuál era su padecimiento es el libro de los presidentes argentinos de Ricardo Levene. En el capítulo de Sáenz Peña el lector encontrará esa cita.

Para los casos de Viola, Menem, De la Rúa y Kirchner se recurrió al profuso material periodístico en existencia.

El tema que he tratado de desarrollar en este libro también me fue sugerido por un olvidado texto de Ernest Hemingway, a quien le llamó la atención la acción destructiva que el ejercicio del poder causaba a la salud de los hombres públicos.

Hemingway le atribuyó a un colega del periodismo norteamericano la teoría de que el poder afecta de una manera cierta y definida a todos los hombres que lo ejercen. Quiso decir que líderes políticos que llegaban sanos a las mayores alturas, tarde o temprano terminarían registrando en su salud esa acción implacable, propia de la posición suprema que habían alcanzado.

Los síntomas de la enfermedad del poder, según la observación que Hemingway le atribuyó a su amigo, comenzaban con el clima de sospecha que lo rodeaba, seguía con una sensibilidad crispada en cada asunto donde intervenía y se acompañaba con una creciente incapacidad para soportar las críticas. Más adelante se desarrollaba la convicción de ser indispensable y de que, hasta su llegada al poder, nada se había hecho bien. En otra vuelta de tuerca, el hombre, ya enfermo se convencía de que nunca nada volvería a hacerse bien, a no ser que él mismo permaneciera en el poder. La teoría —sin duda compartida por Hemingway— agregaba que cuanto mejor y más desinteresado era un hombre, tanto más pronto lo atacaría la enfermedad del poder, mientras que un hombre deshonesto conservaría su salud más tiempo ya que su propia falta de honradez lo protegería con una capa de cinismo.

La lectura de aquellas reflexiones de Hemingway escritas en 1936 fueron muy estimulantes antes de emprender la redacción de estas páginas. Hemingway proponía algunos ejemplos, personajes hoy desconocidos del gran público pero entonces poderosos, mientras que otros, como Hitler, Stalin y Mussolini que estaban en la plenitud y se enfermaban en secreto no provocaron su interés en esos mismos días.

A los casos de los presidentes argentinos muertos en ejercicio del poder o dañados en su salud a partir de su ascenso he agregado una corta galería de enfermos célebres que contribuyen a contextualizar la relación de la salud y el poder.

Pido disculpas por haber buscado el amparo del gran escritor y periodista norteamericano para justificar estos textos, pero lo cierto es que el mismo Ernest Hemingway recurrió a un amigo para proteger su teoría sobre la enfermedad y el poder.

Un libro como este es imposible de realizar sin la participación de un equipo de profesionales como los que me han acompañado en esta tarea. La historiadora Susana Taurozzi hizo un trabajo de búsqueda que permitió hallar documentos de gran valor.

Carolina Di Bella trabajó las cuestiones de estilo guiándome por un camino, para mi, nuevo. Rogelio García Lupo, periodista de raza, con su meticulosidad aportó datos, sugirió cambios, ayudó a definir enfoques e insistió en darle rigurosidad histórica al texto. A todos ellos vaya mi agradecimiento más profundo.

He procurado dar explicaciones sencillas de las distintas enfermedades que se mencionan en el libro, tal como lo hace un médico con su paciente.

Como siempre pasa con obras como estas, una vez que se publican, aparecen aportes proporcionados por fuentes impensadas y desconocidas. Es una de las expectativas que tiene el libro. La otra es que la sociedad reflexione sobre la tremenda influencia política de la salud de aquella persona que se postula para regir los destinos de un país, una provincia o una comuna ya que, como bien lo demuestra nuestra historia y la de todo el mundo, las enfermedades de los que están en el poder las padecemos todos.

Nelson Castro

PRIMERA PARTE

Enfermos de poder en la Argentina

Capítulo Uno

Manuel Quintana
"Mañana a las doce esto se acabó"

Su trayectoria política fue larga y su presidencia corta. Nació en Buenos Aires el 19 de octubre de 1835. Su familia tenía raigambre criolla. Su abuelo paterno había luchado en las guerras por la Independencia de la Nación. Su padre, Eladio de la Quintana, poseía tierras en la provincia de Buenos Aires y su madre, Manuela Sáenz de Gaona, pertenecía a una familia porteña de vieja tradición. Sin embargo, la vida de su padre cambió tras haber participado, en 1839, en la rebelión de los "Libres del Sud" contra el gobierno de Juan Manuel de Rosas, ya que, vencido el movimiento, debió partir al exilio. El drama dejó a la familia en una mala situación económica lo que forzó a su madre a transformarse en su único sostén.

A pesar de ello, Quintana pudo cursar la totalidad de sus estudios primarios, secundarios y universitarios y el 24 de marzo de 1855 se recibió de abogado. Tenía sólo 20 años. Su carrera universitaria iba a ser brillante ya que dos años más tarde dirigiría la cátedra de Derecho Civil en la Universidad de Buenos Aires.

La política le atrajo desde su juventud. Sus primeras incursiones fueron dentro del partido de Mitre. Así, en 1860, fue electo diputado por la legislatura de la provincia de Buenos Aires.

Al momento de su elección hizo una presentación ante las autoridades de la Cámara, diciendo que: "*La severidad de mis principios me pone ante la necesidad de hacer conocer a V.H. una circunstancia que me inhabilita para desempeñar el alto puesto de diputado del pueblo. No he cumplido aún los veinticinco años ni me hallo legalmente emancipado, que es uno de los requisitos exigidos por el artículo 23 de la Constitución del Estado*". Sin embargo, la Cámara decidió aceptarlo como diputado. Su permanencia allí será breve. Ocurre que, en 1859, tras la victoria de la Confederación sobre Buenos Aires, en Cepeda, el Estado porteño se incorpora al resto del país. Sus representantes viajan, entonces, a Paraná, en donde estaba la sede del gobierno. Pero, una vez allí, rechazan sus diplomas argumentando que sus portadores habían sido electos por las normas de la constitución bonaerense y no por las de la Nación, como correspondía. El gobierno del presidente Derqui, pues, los manda de vuelta y ordena una nueva elección. Esto motiva un nuevo enfrentamiento armado. Será la batalla de Pavón en la cual las fuerzas de Buenos Aires, encabezadas por Bartolomé Mitre, vencen a las de la Confederación, en septiembre de 1862. Tras esta contienda se produce la reunificación del país.

Quintana ingresa entonces al Congreso de la Nación que sesiona en Buenos Aires. Se pasa a las filas del autonomismo de Adolfo Alsina para enfrentar al mitrismo, y así oponerse al proyecto del presidente Mitre para federalizar a la ciudad de Buenos Aires. Debido al sorteo por la renovación parcial de la Cámara, termina su mandato en 1863. Es elegido para ingresar a la Legislatura de la provincia de Buenos Aires. Se desempeña allí entre 1864 y 1867. Luego es electo otra vez diputado nacional. En ese período presenta un proyecto para designar a la ciudad de Rosario como Capital Federal de la República.

A esa etapa pertenece su participación en la interpelación a uno de los ministros para saber cuáles eran las disposiciones que el presidente Mitre, quien en ese entonces estaba al frente de las fuerzas argentinas en la guerra contra el Paraguay, había adoptado para hacer efectiva la entrega del poder a su sucesor, Domingo Faustino Sarmiento, el 12 de octubre de 1868. En medio de la sesión Quintana definió: *"La República no elige presidente para que mande los ejércitos sino para que utilice los recursos de la Constitución en bien del país"*.

Su próximo paso por la vida pública sería el Senado. Electo en 1870 en reemplazo de Valentín Alsina, participó de la Convención que redactó la Constitución de la provincia de Buenos Aires. Además, Sarmiento, a pesar de saberlo su opositor, lo asignó a la misión diplomática que tenía como objetivo terminar el tratado de paz que puso fin a la guerra del Paraguay. Marcha hacia Asunción en septiembre de 1871. Allí observa que, debido al retiro de las tropas nacionales que deben dirigirse a Entre Ríos para sofocar una rebelión encabezada por López Jordán, la posición de la Argentina es débil lo cual genera un desequilibrio muy claro con el Brasil que sostiene sus demandas con el apoyo de sus tropas en suelo guaraní. Por lo tanto denuncia la situación y renuncia a su cargo. Esta actitud le vale un sentido elogio por parte del presidente Sarmiento.

En 1873 se presenta como candidato a las elecciones presidenciales. Pero todavía no ha llegado su momento. Es derrotado por Nicolás Avellaneda y esto alienta un levantamiento militar de Bartolomé Mitre que será sofocado.

En 1875 ocupa el rectorado de la Universidad de Buenos Aires y promueve la defensa del proyecto de amnistía para Mitre. Finalmente, termina su mandato en 1876 y se instala en Europa durante dos años.

En 1878, vuelve a la Cámara de Diputados. Le tocará vivir allí otro momento de tensión, en los últimos tiempos de la presidencia de Avellaneda, cuando se desata un conflicto por la resistencia que se manifiesta en Buenos Aires fruto de su designación como Capital Federal del país. Ante esta situación, el presidente Avellaneda traslada la sede de su gobierno y el Congreso hacia el vecino pueblo de Belgrano. Algunos legisladores, entre los que se encuentra Quintana, se resisten. Avellaneda los declara cesantes el 24 de junio de 1880. Producido el triunfo de la fuerzas leales al presidente, Quintana debe resignar su banca y regresar a la actividad privada.

Retoma su carrera de abogado en la que se destaca. En 1888, el presidente Miguel Juárez Celman lo designa, junto con Norberto Quirno Costa y Roque Sáenz Peña, para representar a la Argentina en el Congreso Internacional de Derecho Privado. En 1889 participa junto a Sáenz Peña en la Primera Conferencia Internacional Panamericana que se lleva a cabo en Washington.

Cuando el 12 de octubre de 1892, Luis Sáenz Peña asume la presidencia, Quintana es designado Ministro del Interior. Permanecerá dos meses en el cargo. La inestabilidad política del gobierno de Sáenz Peña hará que vuelva a ser convocado. Su accionar se enmarca dentro del régimen de la mano dura. Se intervienen las provincias de Santa Fe y San Luis y se implanta el estado de sitio en todo el país. Tras una interpelación en la que es duramente atacado por Bernardo de Irigoyen renuncia al ministerio en noviembre de 1894.

Se retira otra vez a la vida privada para regresar a la función pública en 1902 cuando es electo diputado, paradójicamente, por el mitrismo, al que años antes había combatido. Se avecina el fin del segundo gobierno de Roca que busca un delfín que represente los ideales del conservadurismo y que permita dar continuidad al *"Régimen"*. Se organiza, entonces, una reunión de notables y en ella el nombre de Quintana surge sin mayor oposición. Habrá de ser el candidato.

Quintana tenía el *physique du rol* del conservador argentino. *"Más que un hombre parecía la estatua de sí mismo tallada por Fidias.*

Era una pintura, una fiesta para los ojos, algo digno de verse en forma humana. Todo en él era impresionante. Alto y erguido como un álamo, delgado como un florete, enjuto, sin grasa, poseía una hermosa cabeza coronada por tupida cabellera plateada, un par de bigotes enhiestos y una barbita en punta, todo en orden geométrico, sin un pelo fuera de su lugar desde el alto jopo hasta las simétricas guías." Su alma, glaciar, era tan imperturbable como su figura. *"Arrogante, distante, tajante, no exhalaba una sola chispa de simpatía ni la buscaba."* Pero así era la política en esos años y a nadie parecía importarle, siquiera, el lamentable papel de Quintana durante la crisis de la sucursal Rosario del Banco de Londres, del cual era asesor legal, cuando no dudó en dejar su banca de senador para viajar a Londres, el 10 de junio de 1978, para exponer ante su directorio la situación que aquí se vivía. En su renuncia al cargo, expresaba: *"Dimito a mi banca compelido por el mal estado de mi salud a ausentarme temporalmente del país"*. Una vez en Londres, llegó a proponer que buques de la armada británica atacaran la ciudad de Rosario para proteger los intereses británicos. Un verdadero disparate, como bien señaló el historiador Alberto González Arzac en su libro *El papelón de Quintana.*

Al candidato hay que buscarle un compañero de fórmula. La tarea no es fácil ya que Quintana genera dudas por dos condiciones: su vejez y las consecuencias de ésta sobre su salud.

En sus extraordinarias memorias, el historiador Carlos Ibarguren escribe: *"Recuerdo que el senador por Córdoba, doctor José Figueroa Alcorta, una tarde, en mi despacho de subsecretario de Agricultura, me dijo muy impaciente e interesado en develar esa incógnita trascendental: 'No sabemos quién será el futuro vice, y esto es importantísimo despejarlo porque el doctor Quintana está viejo y enfermo, vivirá poco: de modo que, en verdad, la futura presidencia será pronto del vice'".*

Las elecciones se realizan el 10 de abril de 1904 y el 12 de junio el colegio electoral proclama la victoria de la fórmula

Quintana-Figueroa Alcorta. Quintana tiene 69 años y los rumores sobre su mal estado de salud se multiplican. Quintana decide enfrentarlos y, por lo tanto, se somete a una serie de exámenes médicos con el propósito de demostrar que su salud no ofrece ninguna alteración o impedimento para acceder a la primera magistratura. De todas maneras, se percibe en él cierta premonición, un claro indicio de saber que no le quedaba mucho tiempo más de vida. Esta sensación de muerte se advierte en su discurso de asunción cuando con una voz angustiada y lágrimas en los ojos, al mencionar los festejos conmemorativos del primer siglo de la Revolución de Mayo, dice: *"Le pido a Dios que me permita suscribir las últimas páginas de un siglo"*.

A poco tiempo de comenzar su administración la vida política del país se conmueve otra vez. El 3 de febrero de 1905 hay rumores que hablan de una revolución en marcha. El 4 de febrero, la sublevación es un hecho. A su frente, otra vez, Hipólito Yrigoyen. Buenos Aires, Bahía Blanca, Córdoba y Mendoza son los focos más importantes del movimiento. En las dos últimas provincias los revolucionarios deponen a los gobernadores. De todas maneras el gobierno nacional reacciona rápidamente. Los cabecillas son perseguidos. Algunos son apresados y enviados a Usuahia y otros escapan. El jefe del movimiento, Yrigoyen, permanece oculto por unos días pero el 19 de febrero se presenta ante las autoridades para asumir la responsabilidad de los hechos.

La revolución fue derrotada en el campo de la acción militar. Pero sus efectos se harían sentir sobre la ya deteriorada salud de Quintana.

El tema de la vejez del Presidente tenía un alto voltaje político. Los dirigentes contemporáneos se referían a ella permanentemente. En una carta dirigida a Miguel Cané con fecha 24 de marzo de 1905, Carlos Pellegrini le manifestaba que *"entre nosotros, si desapareciera Quintana habría un cambio completo de decoración y dirección"* para agregar *"si la muerte de Quintana se produjera"*.

A Quintana la revolución le produce un claro deterioro anímico del cual no se repondrá. Su amargura se dirige, entre otros, a Roca, ya que cree que él era el destinatario de la revolución de febrero de 1905, y a José Figueroa Alcorta, su vicepresidente, que se había avenido a escuchar proposiciones de los revolucionarios que habían tomado Córdoba.

Al Presidente lo abandonan las fuerzas, su energía desfallece. Y la falta de respuesta de su organismo se traduce en dificultades para tomar decisiones. Reduce, entonces, la duración de su jornada de trabajo. Su hijo, Manuel Quintana, se hace cargo de las cuestiones partidarias. Sus ministros gobiernan con piloto automático lo cual genera dificultades en la gestión.

De su gobierno, no obstante, se recuerdan la aprobación de la Ley 4661 de " descanso hebdomadario", la nacionalización de la Universidad de La Plata y la "Ley Láinez" por la cual se crearon las escuelas elementales en las provincias.

De todas maneras la inestabilidad social provoca agitación. El país tiene índices macroeconómicos muy buenos pero la desigualdad abunda. Es un rasgo de la Argentina que habrá de repetirse hasta nuestros días. Y Quintana presenciaría la agitación social en carne propia el 11 de agosto. Ese día, como de costumbre, el Presidente marcha hacia la Casa Rosada en las primeras horas de la tarde. Camina ensimismado en sus pensamientos. Cuando el carruaje que lo trasporta está a la altura de la Plaza San Martín se produce un sobresalto. Es ese el momento en que Salvador Planas Virella, un anarquista catalán, apunta su revólver hacia el asiento en donde viaja el presidente. Aprieta el gatillo una vez y la bala no sale. Con furia y desesperación repite varias veces la acción. Pero el dispositivo falla y la bala no se dispara. Un custodia advierte la situación, se apea del carruaje, ordena al cochero apurar el paso y al presidente que permanezca en su asiento. Cuando llega a la Casa Rosada, el Presidente se entera de lo sucedido. Han intentado asesinarlo.

El conocimiento de los hechos lo deja en estado de shock. Ha salvado su vida de milagro.

El atentado acentúa el deterioro de la salud de Quintana. Finalmente el jueves 25 de enero de 1906 acepta delegar el mando hecho que no dio lugar a sorpresa en su entorno. Un decreto refleja la realidad de esa circunstancia: *"Debiendo ausentarse de la Capital por motivos de salud, y en uso de la licencia acordada por el Honorable Congreso por ley Nº 4709, el presidente de la República decreta: Artículo 1º: Queda en ejercicio del Poder Ejecutivo nacional el vice presidente de la República, doctor José Figueroa Alcorta".*

El final se precipita. Una vez acordada su licencia se dirige al entonces pueblo de Belgrano. Allí las cosas no mejoran. A principios de marzo sufre una intoxicación alimenticia que lo afecta mucho. La evolución es mala y se ve complicada por una afección bronquial. Su médico, el doctor Florencio Fiesca, lo examina y le detecta males bronquiales. Alarmado, el Dr. Fiesca llama en consulta al Dr. Luis Güemes. Ambos confirman el diagnóstico de bronquitis para la cual instituyen una medicación "enérgica" que no da ningún resultado. Al día siguiente el cuadro continua empeorando. Los médicos diagnostican una *"congestión pulmonar".* Se suma al equipo de profesionales el doctor Lloveras. Además, las crónicas de la época informan que *"los gérmenes de la infección urinaria habían penetrado en el torrente circulatorio y los signos típicos de la uremia se empezaban a manifestar",* según *La Nación* del 12 de marzo de 1906.

A esa altura es altamente probable que Quintana estuviera padeciendo los efectos de una infección generalizada —conocida técnicamente como septicemia— que puede ocasionar insuficiencia renal (que antes daban en llamar uremia) y colapso circulatorio.

Al anochecer del 11 de marzo, el Presidente sufre un "síncope" del cual se recupera. Pero, a partir de ahí, los médicos preanuncian el final. Sobre las 6 de la tarde Quintana dialoga con uno de sus sirvientes:

—*¿Qué día es hoy?*

—*Once, señor*— contesta su asistente.

—*Bien, mañana a las doce se acabó todo*— dice el enfermo con voz que apenas se escucha.

Pero las doce del otro día quedaban muy lejos. En medio de la agonía, a la 1.15 de la mañana del 12 de marzo, Quintana pronuncia sus últimas palabras: *"No se alteren. Yo muero tranquilo".* Lo rodea su familia que ve caer su cabeza pesadamente sobre la almohada. Su hijo Manuel se abalanza sobre el cuerpo de su padre en un gesto de desesperación. Los demás asisten a esta escena con solemnidad. Lo rodean Susana Rodríguez de Quintana, esposa del presidente, María Luisa Quintana de Rodríguez Larreta, Mercedes Unzué de Quintana, María Eugenia Quintana de Uriburu, Elena Quintana de Alvear, Alfredo Quintana, Camilo de Alvear, Alberto Rodríguez Larreta, Enrique Uriburu, Adrián Escobar y el comisario Felipe Pereyra. El Dr. Fiesca hace todo lo que las ciencias médicas indican para intentar la reanimación del enfermo. Todo lo que hay es poco y lo poco que hay no sirve. La respiración se hace irregular y el pulso débil. A la 1.30 la respiración disminuye casi a la nada. A la 1.36 el corazón ya no late. El Dr. Fiesca se levanta y, ante la mirada angustiante de la familia, les confirma la mala noticia. Manuel Quintana ha muerto. Será el primer presidente en ejercicio muerto en la historia de la Argentina. Habría otros.

"A la 1.30 a.m. muere en Buenos Aires, después de una larga enfermedad cuya gravedad se trató de ocultar al público hasta el último momento, el Dr. Manuel Quintana, Presidente de la República. Desde el 28 del mes anterior, el Dr. Quintana trató de arreglar sus cuentas con Dios, confesándose con Mons. Terrero, Obispo de La Plata, y recibiendo al día siguiente la santa comunión. Pidió él mismo, espontáneamente, los auxilios religiosos y como los

médicos le aseguraban que se encontraba algo mejor, insistió en su pedido, diciendo a su hijo Manuel: Quiero hacerlo ahora que me siento en la plenitud de mis facultades, porque como procedo así por convicción, no desearía que en los últimos momentos de mi vida esta actitud fuera atribuida a una debilidad o a un extravío." Fue la nota necrológica que la Revista del Arzobispado de Buenos Aires le dedicó, subrayando que se había intentado ocultar hasta el final su enfermedad y que el presidente tenía que "arreglar cuentas con Dios". El anónimo redactor eclesiástico tal vez pensó en el Quintana afiliado a la masonería.

CAPÍTULO DOS

Roque Sáenz Peña
La enfermedad secreta

Los solemnes funerales del presidente Roque Sáenz Peña se realizaron en la Catedral metropolitana en la mañana del 25 de agosto de 1914. La ceremonia religiosa dio comienzo minutos después de la once. El catafalco se hallaba ubicado frente al altar, sostenido por dos sólidas columnas. Era un ataúd de cedro, repujado en bronce y cubierto por la bandera nacional. Sobre un pedestal caía una guía de flores a lo largo de sus escalones.

De acuerdo con lo dispuesto, a la izquierda del catafalco, en escaños especiales, se ubicaron la familia Sáenz Peña, sus relaciones y el cuerpo diplomático. A la derecha estaban el flamante Presidente de la República, Dr. Victorino de la Plaza y los miembros del Poder Ejecutivo. Al frente se colocaron las delegaciones del Brasil y de la República Oriental del Uruguay y los gobernadores de las provincias con sus comitivas. Hasta hubo música, según un programa más parecido al de un concierto que al de un funeral, a cargo del coro y de la orquesta estable del Teatro Colón que, bajo la dirección del maestro Serafín, interpretaron las siguientes obras: "Ouverture de "Le Deluge", de Saint Säens; Marcha Fúnebre "Sulla morte d'un eroe", andante de la Tercera Sinfonía de Beethoven; Misa a tres voces de hombre, de

Botazzo; Marcha Fúnebre de "El crepúsculo de los dioses" de Wagner; Ofertorio para contralto y bajos de Perosi; "Santus" y "Benedictus, Agnus Dei", de Pazella; Responso "Libera me", de Botazzo. Al terminar la ceremonia la orquesta ejecutó la gran "Pâque russe" de R. Korsakov.

La vida de Roque Sáenz Peña había tenido ribetes de película. Pertenecía a una familia destacada de Buenos Aires. Nació el 19 de marzo de 1851 y, en su vida, hubo de todo. Participó de la revolución de 1874. Alcanzó allí el grado de Teniente Coronel. Terminado ese episodio, continuó su carrera de derecho. Se graduó de abogado en 1876. Ese mismo año fue elegido diputado provincial habiendo sido luego designado presidente de dicho cuerpo.

Pero en su vida no todo fue la cátedra y la política. También había lugar para el amor y sus consecuencias. Y, entre ellas, un desengaño que lo afectó profundamente. Esto ocurrió a comienzos de 1879, justo en el momento en que se produce el desembarco de las tropas chilenas en el litoral boliviano y la declaración de guerra al Perú. Fue así que, a mediados de ese año, Sáenz Peña llega a Lima para expresar su decisión de incorporarse a las tropas del ejército peruano. El 30 de julio, en ocasión de participar en un banquete servido en la sede de la embajada de Colombia declaró: *"No vengo envuelto en la capa del aventurero; no es sed de sangre lo que me trae; soy un simple soldado de la justicia y del derecho".*

En agosto fue designado Decano del Cuerpo de Ayudantes del general peruano Buendía, Comandante en jefe del Ejército del Sur. Estando ya en ese destino toma parte en el combate de San Francisco, el 19 de noviembre de 1879. Ahí se produce una retirada en la que su actitud genera elogios. Una semana después —el 27 de noviembre— lucha otra vez junto a las fuerzas peruanas que salen victoriosas, en la batalla de Tarapacá. Buendía, por su parte, comenta: *"En el momento de la batalla, encontrándose sin Jefe la mitad de un batallón de la Guardia Nacional, coloqué a su frente a mi Ayudante, Teniente Coronel Roque Sáenz Peña, que lo condujo a la pelea con la más valerosa decisión".*

Asimismo, el corresponsal del diario *La Patria* de Lima, escribe: *"Como el batallón Iquique había perdido dos jefes, combatía fraccionado. El general Buendía encomendó el comando de una de esas fracciones a su Ayudante Sáenz Peña, quien desempeñó cumplidamente aquella honrosa comisión, dando a sus soldados ejemplos de valor y serenidad".*

La vida de soldado es dura. La promiscuidad abunda. Se duerme en cualquier parte y las necesidades del cuerpo se satisfacen como se puede. Entre esas necesidades, las sexuales. El soldado, en general, es una persona joven cuyo cuerpo está sometido al torbellino de hormonas en el apogeo de su producción. Y, en los cuarteles, ese torbellino se hace más desordenado. Sáenz Peña, seguramente, no escapa a esta tensión y, mucho menos, ante la necesidad de ahogar su pena de amor. La probabilidad de que a través de esos contactos sexuales furtivos se contraiga alguna de las enfermedades venéreas, entre ellas la sífilis, es alta. Y la sospecha de que Sáenz Peña hubiera sido víctima del mal, lo acompañará durante toda su presidencia.

Pero volvamos al campo de operaciones. Entra con el batallón Iquique en la ciudad de Arica y se incorpora a la 8va división a la cual se le asigna la resistencia a los asaltantes del Morro. Cae herido y es apresado por las tropas chilenas que lo trasladan, en calidad de prisionero de guerra, a Chile.

Terminada la guerra y liberado vuelve a Buenos Aires, a finales de septiembre de 1880. En los ambientes sociales más destacados de la época se le recibe como a un héroe. En ese contexto, el embajador del Perú en la Argentina, propone a su gobierno que Sáenz Peña ascienda al grado de Coronel, lo que se le acuerda siete años después, el 25 de octubre de 1887. Posteriormente, durante la presidencia de José Prado, el Congreso del Perú lo asciende a General de Brigada, el 26 de agosto de 1905.

La actividad de Sáenz Peña lo lleva, en 1886, a encabezar el diario *Sudamérica*, desde cuyas páginas junto a Carlos Pellegrini, José María Ramos Mejía y otros apoya la candidatura a presidente de Miguel Juárez Celman, cuñado de Roca.

Ganada la elección y ya como primer mandatario, Juárez Celman nombra a Sáenz Peña embajador plenipotenciario en Uruguay a partir de agosto de 1887. Bajo ese cargo participó en la firma del acuerdo de navegación en el Río de la Plata. Luego será designado delegado, junto con el doctor Manuel Quintana, otro futuro presidente, al Congreso Panamericano de Washington que se inaugura el 27 de marzo de 1889. Su prestigio en el campo de las relaciones internacionales hace que Juárez Celman lo designe ministro de Relaciones Exteriores en 1890. Mientras desempeña estas funciones lo sorprende, el 26 de julio, la revolución. La encabezan el general Manuel J. Campos y una junta integrada por civiles. La defensa del gobierno la organizan los generales Nicolás Levalle y Alberto Capdevila a los que se suman Carlos Pellegrini y Sáenz Peña. Luego de varios días, la Revolución del Parque es aplacada. Sin embargo, el costo para el gobierno nacional es enorme. Como expresa el senador Pizarro: *"La revolución está vencida pero el gobierno está muerto"*. Se pide la renuncia del presidente y del vice, de Roca, que era presidente provisional del Senado y de todos los integrantes de ese cuerpo. El único que, finalmente, dimite y se va a su casa es el presidente Juárez Celman.

Pellegrini asume el gobierno y comienzan las transas preparatorias de la fórmula para la elección presidencial de 1892. Bartolomé Mitre acepta la candidatura de la Unión Cívica. Como producto de intensas negociaciones, Roca y Mitre acuerdan en la *"necesidad de suprimir la lucha electoral para la presidencia futura sobre la base de un franco y leal acuerdo sin exclusiones para nadie ni exclusionismos partidistas".*

Esto no es aceptado por Bernardo de Irigoyen, compañero de fórmula de Mitre, quien prefiere que haya comicios. Irigoyen es desplazado de la fórmula de la Unión Cívica por el Comité Nacional y su lugar es ocupado por José Evaristo Uriburu. Es el 2 de abril de 1891. La convención nacional no acepta la maniobra. Alem, al igual que Sarmiento, rechaza la participación de Roca en la gestión de esta fórmula. Se produce pues la escisión de la Unión Cívica. Los partidarios de Alem —los intransigentes— forman la Unión Cívica Radical que sostiene la fórmula Bernardo de Irigoyen-Juan Manuel Garro. Los otros forman la Unión Cívica Nacional. La disputa trae enorme revuelo. En consecuencia Mitre renuncia a su candidatura y Roca a la presidencia del partido anunciando su adiós a la política.

Es entonces que un puñado de jóvenes dirigentes se lanzan con la idea de propulsar la candidatura presidencial de Sáenz Peña, que era senador y un opositor furioso de Roca. Tiene el apoyo del gobernador de Buenos Aires, Julio A. Costa y también del presidente. Roca decide inmediatamente poner freno a esta candidatura, peligrosa para sus aspiraciones. Y concibe una jugada para desbaratarla. Se decide a impulsar la candidatura del padre de Roque, el doctor Luis Sáenz Peña. El resultado fue matemático. Consagrada la candidatura de su padre, Roque declina inmediatamente su aspiración a la presidencia. Así como a la senaduría para no aparecer siendo un opositor a su padre ni tampoco formando parte de un gobierno cuya plataforma no compartía. Fue entonces que Sáenz Peña se autoimpone una retirada de la vida pública, y vuelca sus energías a la actividad privada. Se dirige hacia Entre Ríos para administrar unos campos de su propiedad.

La presidencia de su padre fue desastrosa. Luis Sáenz Peña no tenía partido y era más un títere que un estadista. Su presidencia

constituyó un cúmulo de vacilaciones y desatinos. En 1893 se
produce una revolución que encabeza, entre otros, Hipólito Yrigoyen, que si bien fracasa deja al gobierno mal parado. Sin apoyo político de ninguna clase, Luis Sáenz Peña renuncia a la presidencia en 1895. En el breve texto de dimisión menciona su
"salud quebrantada" por las tensiones del poder, aunque nadie
sabe cuál era su enfermedad. Lo sustituye el vice, José Evaristo
Uriburu, un hombre de Roca. Y, a partir de ahí, comienza a ro-
dar la candidatura de Roca para la elección de 1898. Roque
Sáenz Peña, que vuelve al ruedo público una vez que su padre se
retira, realiza, el 15 de agosto de 1897, un acto público en la plaza Libertad para oponerse a esa candidatura. *"Combato regímenes
personales o banderas partidarias que no compartan verdaderos anhelos o de partido. Veinte años ha, pudimos conformarnos con un
caudillo, pero veinte años después el país no lo tolera."*

Ahora Sáenz Peña une a los suyos a la Unión Cívica Nacional y al radicalismo de Yrigoyen para enfrentar a Roca. Fracasan,
vencidos por la fórmula Julio A. Roca-Norberto Quirno Costa.

La presidencia de Roca transcurre en medio de las mismas
características de su primera administración. Se soluciona el di-
ferendo limítrofe con Chile y el país asiste a una etapa de reactivación económica y de progreso. Hay afluencia de inmigrantes y de capitales. La actividad agrícola ganadera se reinstala como el motor de la economía. Hay orden. Yrigoyen se sigue mo-
viendo en pos de derrotar al régimen de Roca y establecer una
democracia transparente con voto secreto y eliminación del
fraude electoral. Intransigencia, abstención y revolución son sus
métodos. En esta etapa se produce la ruptura entre Julio Roca y
Carlos Pellegrini, quien cansado de estar al servicio de Roca,
funda el Partido Autonomista, con marcadas diferencias con el
Partido Autonomista Nacional. Mucha gente joven se nuclea en
este partido. Roca, ante la creciente oposición de Pellegrini, es-
timula la reunión de una Convención de Notables que tiene

como misión la de designar los candidatos que le sucedan. Declara no querer intervenir. Pero los hechos demostrarán que el Presidente maneja la situación con el fin de manipular la convención del nuevo partido, el que ha sido copado por las figuras del viejo Partido Autonomista Nacional. Sáenz Peña y Pellegrini advierten la maniobra y renuncian a la convención, que finalmente elige la fórmula presidencial sucesoria: Manuel Quintana-José Figueroa Alcorta.

La presidencia de Quintana es breve. Muere en 1906 y la sucesión de Figueroa Alcorta debió afrontar circunstancias complejas. La sombra del general Roca perduraba, y la prosperidad con desigualdad que vive el país como la máquina electoral que se había montado todavía pesaban.

El paso del tiempo hizo que 1910 llegara con la vorágine del centenario. Muerto Pellegrini y disuelto el Partido Autonomista no era fácil elegir al nuevo candidato. Desde París, el general Lucio Mansilla explica la situación con las siguientes palabras: *"Si no hay una elección que haya una designación"*. Sáenz Peña se desempeña como embajador en Italia. Quienes piensan en su candidatura le proponen dejar el cargo y comenzar a caminar el interior del país haciendo campaña. Él no accede a la sugerencia y se dedica a apoyar a Figueroa Alcorta, de quien afirma: *"Tengo confianza en su presidencia... hemos hallado un estadista"*.

La situación de tensión entre el Poder Ejecutivo y el Poder Legislativo aumenta. La oposición no vota el presupuesto y Figueroa Alcorta quiere cerrar el Congreso. Sáenz Peña aprueba esta decisión. *"Para desarraigar una opresión de treinta años, era necesario otro Caseros... lo hemos tenido sin sangre"*, sostiene con decisión.

La candidatura de Sáenz Peña comienza a gestarse en 1909. Paul Groussac publica un artículo sobre Saénz Peña que concluye así: *"Creo que esta hora (su candidatura) está llegando para gloria del hombre y la grandeza de su patria"*.

El apoyo de Figueroa Alcorta se fue urdiendo con paciencia y habilidad. *"Hemos hallado un estadista"*, le solía decir a sus amigos. Saénz Peña se mueve con prudencia. Es conciente de que necesita una base de sustentación popular importante a la vista de los cambios sociales y políticos de aquel momento.

Se crea así una "Junta Ejecutiva Provisoria pro candidatura de Sáenz Peña". El nombre de Sáenz Peña como candidato se hace público en el Teatro de la Ópera, el 2 de agosto de 1909. En ese acto del Comité de la Juventud Roque Saénz Peña, se habla del candidato para *"señalar algunas aristas de poliedro, la nobleza de su carácter que resulta anacrónica en sus exageraciones medioevales"*, habla de *"las claridades de aurora"*, *"el áureo reflejo de los trigales"*, *"la alborada del día ansiado"*. La oposición, en tanto, califica a Sáenz Peña de *"general peruano"*.

La estructura política que dio apoyo a la candidatura de Sáenz Peña se llamó Unión Nacional. Era un estructura variopinta con mucho aire de rejunte. En ella habrá una Junta de Gobierno que integraban delegados de todo el país; asimismo nucleaba miembros del Partido Autonomista y del Partido Republicano, roquistas partidarios de Figueroa Alcorta y también gente que había participado del último intento revolucionario en 1905.

La candidatura de Sáenz Peña se proclama el 23 de agosto de 1909. El acto tiene lugar en la Plaza del Retiro y en las crónicas de aquellos años se habla de una concurrencia extraordinaria de 30.000 personas. Saénz Peña regresaba de Europa ese mismo día. En su discurso de aceptación confiesa que no llegará a la presidencia como exponente de ningún partido y que *"estimo más a los que me combaten y me atacan que a los que viven ajenos a los graves problemas de la Nación"*.

Saénz Peña retorna a Europa el 4 de septiembre de 1909. Deja en libertad de acción a sus partidarios para que elijan a su compañero de fórmula. Se inicia entonces una dura batalla que los obliga a regresar al país el 18 de noviembre de 1909. En ese momento hace conocer sus simpatías por el doctor Victorino de la Plaza. Su candidatura se aprueba en la Asamblea de la Unión Nacional, el 2 de diciembre de 1909.

El comicio presidencial se realizó el 13 de marzo de 1910. Como siempre, hubo compra de votos e intimidación policial. Todo salió como había sido preanunciado. Durante esa campaña el fraude se instaló como protagonista y fue el diario *La Nación* uno de los medios que más denuncias hizo sobre el gobierno de Figueroa Alcorta en relación a su forma de ejercer presión, fomentar la corrupción electoral —incluyendo la compra de votos— y la intervención brutal de las fuerzas policiales.

Así y todo, la Asamblea Nacional se reúne para consagrar la fórmula ganadora: Sáenz Peña-de la Plaza. Ahora, con la totalidad de los votos del Colegio Electoral, hecho que ocurre por primera vez en la historia institucional del país.

Saénz Peña, que estaba en Europa como embajador ante Italia, regresa al país en un barco de guerra en medio de rumores de una revuelta militar encabezada por Hipólito Yrigoyen que, finalmente, no se concreta.

A llegar a Buenos Aires, el presidente electo recuerda su independencia partidaria. *"No hay partido de gobierno, no hay gobierno de partidos"*, insiste y agrega: *"Gobierno para el país, no para mis amigos"*. Se producen dos entrevistas con Yrigoyen. Sáenz Peña le ofrece dos ministerios pero Yrigoyen los rechaza: *"El Partido Radical no busca ministerios, únicamente pide garantías para votar libremente"*, responde con altivez.

Sáenz Peña asume la presidencia el 12 de octubre de 1910. Instala su residencia en la Casa Rosada a la que redecora y a cuyo personal de servicio viste con librea a la francesa. Este detalle genera muchas críticas. Nada tenían que ver estas exquisiteces con la vida republicana sino, más bien, con una corte europea. Todavía no ha cumplido 60 años.

En medio del boato de la época y del ambiente en la Rosada, una cosa se ve clara desde el primer día: su salud no es buena. Y esto tendrá una enorme importancia en su gestión de gobierno. Durante el tramo final de su mandato pedirá licencia y delegará el mando en seis oportunidades: del 6 al 12 de diciembre de 1910; del 15 al 19 de abril de 1911; del 12 al 19 de diciembre de 1912; del 5 al 8 de mayo de 1913; del 17 de mayo al 15 de agosto de 1913 y del 27 de agosto de 1913 hasta su muerte, el 9 de agosto de 1914. La primera licencia la pidió con la excusa de realizar un viaje por mar a la Patagonia en tren de inspección. La limitación que su salud impone a su tarea se evidencia. Para cada licencia se refugiará en distintas quintas de la provincia de Buenos Aires, de preferencia en la zona de San Isidro. Esta situación repetida ocasionará una gran cantidad de intrigas que recaen en el ministro del Interior, Indalecio Gómez, un salteño que, sin embargo, mostrará gran lealtad al Presidente. Las sospechas crecerán a tal punto que, en alguna ocasión, se habla de una fórmula integrada por Indalecio Gómez con Ramón J. Cárcano para reemplazar al presidente enfermo. No escapará a ese ambiente de suspicacias el vicepresidente De la Plaza, que mantenía una clara discrepancia con el Presidente, especialmente después de haberse aprobado la reforma electoral que cambiaría el mapa de la representación política en la Argentina.

Los debates más dramáticos sobre la salud del presidente ocurrirán a partir del 6 de diciembre de 1913, ocasión en la que, como consecuencia de no haberse repuesto de sus padecimientos, debe pedir una prórroga de la licencia que ya se le había otorgado. Allí aparece un plan delineado para obligarlo a renunciar.

El misterio sobre el verdadero mal que aquejaba a Sáenz Peña era un factor clave que lo debilitaba políticamente. ¿Por qué tanto misterio?

La versión que circulaba con más fuerza en aquellos días era que Sáenz Peña sufría las secuelas neurológicas de una enfermedad venérea: la sífilis. El origen de ese mal se atribuía a lo que fue su campaña militar en el Perú. La "sífilis cuartelera" era una marca que de por vida afectaba y, muchas veces, causaba la muerte de los soldados, suboficiales y oficiales que habían sobrevivido a una guerra.

La sífilis, que es producida por el *Treponema Pallidum,* descubierto por Scuadinn y Hoffmann en 1905, se trasmite a través del contacto sexual. Su período de incubación es de, aproximadamente, tres semanas. Las primeras descripciones de esta enfermedad datan de finales del siglo XV a partir de una pandemia que se extendió sobre Europa y Asia. En ese entonces se especificó su transmisión por vía sexual así como también sus estados primarios y secundarios. Los estados terciarios y tardíos fueron descubiertos en los siglos XVIII y XIX.

Al hablar de sífilis cabe destacar que la enfermedad evoluciona atravesando cuatro estadíos: primario, secundario, latente y tardío. La sífilis primaria se desarrolla tras un período de incubación de unas tres semanas. Allí entonces aparece la lesión primaria. Es el chancro sifilítico, una pápula indolora y dura que se vuelve, a menudo, ulcerada y que se ubica, en general, en el hombre en el pene y en la mujer en la zona de los labios de la vagina. El chancro desparece en el término de 4 a 6 semanas.

Las manifestaciones de la sífilis secundaria aparecen aproximadamente unos dos meses después. De sus diversos síntomas y signos, los más comunes son una erupción máculo papular que se extiende en forma bilateral por todo el tronco y la parte proxima de las extremidades. La variedad de lesiones de la piel es amplia. También pueden aparecer otros síntomas como, por ejemplo, afectación del aparato digestivo con gastritis y proctitis, hepatitis, artritis, afecciones renales, óseas y oculares.

Superado este estadío sobreviene la llamada sífilis latente, que puede durar hasta dos años. Durante este período el paciente no experimenta casi ninguna sintomatología. Aquí el diagnóstico se hace, a veces, a través de una punción lumbar para analizar el líquido cefaloraquídeo. La última etapa evolutiva de la enfermedad es lo que se llama sífilis tardía que puede manifestarse bajo distintas formas como la neurosífilis asintomática o la sintomática que genera episodios de deterioro de la función neurológica secuelar hasta lesiones arteriales de la circulación nerviosa.

El principal objetivo de Sáenz Peña es la reforma de la ley electoral. Tiene en claro que sin esa modificación le será imposible sentar las bases para una democracia verdaderamente representativa. Y que, hasta que ello no ocurra, la inestabilidad política continuará. El Presidente lleva adelante una verdadera batalla en la que su vice no lo acompaña, ya que no comparte estas ideas porque tal modificación permitiría el acceso al poder del radicalismo y el desplazamiento de las fuerzas conservadoras que venían gobernando al país desde siempre. Hombres importantes de la política de entonces ya habían advertido que la reforma electoral era impostergable e inevitable. Pellegrini sostenía que el régimen electoral vigente hasta entonces significaba *"vicios, fraude y subversión"*. Joaquín V. González, que era conservador, afirmaba que el sistema *"es insostenible"*. El diputado Mariano de Vedia, también conservador, pregonaba que la reforma era un verdadero anhelo del país. Recordaba a Sarmiento que calificaba a las elecciones de *"fraudulenta, inconstitucional y perversa"*. En una carta a Sáenz Peña, el caudillo conservador Cayetano Gangui afirmaba que él era el mayor acaparador de libretas de enrolamiento, a las que retenía en su poder para utilizarlas, el día del comicio, en favor del candidato que él indicaba. *"Roca es un poroto al lado mío. Tengo 2.500 libretas"*, proclamaba con orgullo.

La reforma se inicia con un mensaje al Congreso el 17 de diciembre de 1910 en el que se propone el enrolamiento general de los ciudadanos y la confección de un nuevo padrón electoral. Se considera que esta etapa es esencial para *"estimular y garantizar el voto... para constituir legal y honestamente los poderes nacionales de origen popular".* El padrón electoral se confeccionará con *"la base del Registro de Enrolamiento"* mediante la eliminación de éste de aquellos ciudadanos que no estén habilitados para votar por imperio de las leyes de la nación. El *"enrolamiento general de los ciudadanos"* estará a cargo del Ministerio de Guerra y el Poder Judicial indicará quiénes son los ciudadanos que tienen derecho a votar.

Por otro proyecto se aparta de la órbita del poder político la fiscalización del padrón y la organización del acto comicial y se los transfiere al Poder Judicial. Este segundo proyecto también entra al Congreso el 17 de diciembre de 1910. Finalmente, un tercer proyecto de ley que se presenta el 11 de enero de 1911 establece que el voto será obligatorio y secreto e instituye el sistema de lista incompleta por el cual las minorías tendrán acceso al Congreso.

Las discusiones fueron tensas y vehementes. Le cupo al ministro del Interior, Indalecio Gómez, un papel principalísimo en la defensa de la Reforma. La Cámara de Diputados la aprobó el 27 de diciembre de 1911.

La contienda política siguió en el Senado. Allí se comenzó a tratar el tema en el verano de 1912. Fue un debate áspero. La oposición al proyecto fue persistente. Ignacio Irigoyen, senador por Buenos Aires, lo tildó de inconstitucional: *"Nuestro mal político está en la falta de fiscalización de las elecciones por la oposición y la indiferencia de la gran masa de inmigrantes que ha llegado al país",* sostuvo en su discurso.

Joaquín V. González, ex ministro de Roca en 1902, pronuncia el discurso más extenso. Se prolongó durante dos sesiones. Recordando a Pellegrini exclama: *"En este país no se ha votado nunca".* Critica la reforma y, sobre todo, el sistema de lista incompleta.

Defiende la votación uninominal que puso en práctica durante su paso por la gestión en el gobierno de Roca. El ministro Indalecio Gómez, figura clave del gobierno, asiste con paciencia al interminable debate. Le contesta a González con datos muy concretos: le demuestra así que el intento del voto uninominal en la Capital y la provincia de Buenos Aires había fracasado rotundamente ya que en la elección de 1904 habían concurrido menos votantes que en la de 1910. Finalmente, en medio de un calor agobiante, la Cámara de Senadores aprueba el proyecto en febrero de 1912.

Una vez sancionada la reforma, los tiempos apremiaban. Había elecciones nacionales a legisladores en abril de ese año. A toda marcha se pone en funcionamiento el proceso de enrolamiento que corresponde al Ministerio de Guerra. La Junta Electoral, conformada por funcionarios de la justicia federal, elabora la lista de electores.

Sáenz Peña, consciente de la importancia de este verdadero test electoral, se dirige a la ciudadanía a través de su "primer manifiesto al país" el 12 de febrero. "*Y me obligo ante vosotros, ante mis conciudadanos y ante los partidos políticos, a promover el ejercicio del voto, por los medios que me acuerda la Constitución, porque necesitamos crear y mover al sufragante.*" Las elecciones a diputados nacionales se llevan a cabo el 7 de abril de 1912. El pueblo responde a las expectativas del presidente y vota con una concurrencia record. Gana la Unión Cívica Radical.

Durante la presidencia de Roque Sáenz Peña se descubre petróleo en Comodoro Rivadavia. La situación laboral ofrece rasgos conflictivos. La desigualdad social en aquella Argentina rica era una zona de riesgo creciente y peligrosa. Los conflictos de los maquinistas y fogoneros de trenes, agrupados en "La Fraternidad", y el de los obreros portuarios fueron algunos de los asuntos más complejos que tuvo que enfrentar el gobierno.

En el ámbito de las relaciones exteriores se dieron pasos para mejorar los vínculos con Brasil.

La administración central fue de poco vuelo. El problema de la salud del presidente con sus ausencias y la poca habilidad política de varios de sus ministros se sumaron para conformar una gestión apenas discreta.

Con este marco, se llega al 13 de agosto de 1913. El presidente vuelve a pedir licencia por razones de salud. Es una licencia que deberá prorrogarse en dos oportunidades y que motiva un encendido debate en el Congreso. La primera prórroga se pide en diciembre.

El día 13, el presidente Sáenz Peña envía el siguiente pedido de licencia al Congreso de la Nación:

Al Honorable Congreso de la Nación.

Tengo el honor de dirigirme a V.H., solicitando se me prorrogue por el término de sesenta días la licencia que me ha sido acordada para residir fuera de la Capital, a fin de que la mejoría de mi enfermedad sea más rápida y el restablecimiento de mi salud más completo, por efecto del reposo que me es necesario y que me está prescripto por los señores médicos que tienen a su cargo mi asistencia.

En cuanto a la duración de la licencia, ella no significa que haya de usarla íntegramente, si mis fuerzas me permiten abreviarla, como he tenido oportunidad de hacerlo en otra ocasión.

Dios guarde a Vuestra Honorabilidad.
Roque Sáenz Peña

El debate en el Senado Nacional se lleva a cabo el 6 de diciembre de 1913. Algunos senadores son terminantes en cuanto a las características del mal que aqueja al presidente, aún cuando nunca se hace referencia concreta a cuál es su enfermedad. La palabra maldita jamás se pronunció en el recinto, aunque ganó las calles.

El senador Pedro Echagüe es el primer orador y expone esta realidad con crudeza: *"En mi concepto, señor Presidente, la enfermedad del doctor Sáenz Peña no es de ésas que en tiempo más o menos corto concluyen por vencer o ser vencidas, permitiendo en este último caso al paciente, una vez restablecido, soportar las tareas de su profesión y cargo. La enfermedad del doctor Sáenz Peña, señor Presidente, pertenece a ésas que avanzan ya lenta o precipitadamente, siempre minando y destruyendo el organismo; de ésas que imponen, para reducir la marcha acelerada del mal o contenerlo en la magnitud de sus estragos, el reposo más completo, la substracción más absoluta de toda preocupación o esfuerzo mental; de las que inspiran, que arrastran al espíritu a esta conclusión humanitaria y piadosa: ya que si no puede vivir para la Patria, al menos que se le conserve para su familia".* Y prosigue: *"El doctor Sáenz Peña no puede ni podrá ejercer las funciones de gobierno, y esto lo saben bien los que tienen fácil acceso a San Isidro, y en esta convicción, este pedido de licencia me hace pensar que el mal debe llegar al apogeo de su invasión, me hace dudar de las aptitudes del doctor Sáenz Peña para tomar una resolución propia, libre, meditada y consciente".* Para concluir: *"Cuando en estas condiciones, qué grave debe ser cuando se recurre al misterio para ocultar lo que todo el mundo debe y tiene el derecho de saber, se viene con este pedido de licencia, dejando suponer una situación relativamente halagadora o la posibilidad de un restablecimiento imposible; este temperamento, que no dice con su altivez y modo de ser, hace pensar con fundamento, que sus actos, dado el avance que la enfermedad ha hecho en su organismo, no tiene toda la conciencia, ni la independencia, todo el sello íntegro de su propia personalidad".*

El senador Ignacio Irigoyen, durante su exposición, cuestiona: *"Desde que se concedió esa licencia hasta ahora, el pueblo y el Honorable Congreso han estado completamente ignorantes respecto de la*

*marcha del proceso de la enfermedad que aqueja al Primer Manda-
tario, por la sencilla razón de que no se ha procedido en este caso, como se procede en todas partes del mundo, cuando el Jefe de la Nación
tiene la desgracia de enfermarse, es decir, porque no se ha hecho conocer al pueblo de la República el estado de la salud del enfermo, en
forma oficial, por medio de boletines médicos fidedignos, al extremo
tal que sólo se han recibido noticias de origen íntimo que no tenían
toda la responsabilidad necesaria y que no siempre fueron concordan-
tes, ya que algunas versiones han presentado al señor Presidente de la
República como repuesto completamente de sus dolencias, mientras
que otras, por el contrario, han asegurado que el estado de su salud
no le permitirá reanudar las tareas de gobierno".*

Por su parte, el senador Antonio Del Pino señala: *"La salud
del Presidente de la República interesa a todo el país; no se trata de
un simple ciudadano... Se trata, nada menos, que del mandatario
a quien se ha confiado el manejo de los negocios del Estado y de los
intereses que están ligados a la administración del país...*

*"Y siendo así, razón poderosa hay para que todos y principal-
mente nosotros, nos preocupemos de saber la verdad de la enfermedad que sufre el doctor Sáenz Peña, y que ha dado y da origen a
rumores y versiones contradictorias que ahondan los perfiles de la
situación presente.*

*"Hay síntomas manifiestos de perturbaciones financieras y co-
merciales, a pesar de estar intactas las fuentes de la producción, así
como de crisis política, y diré también que de orden moral; parece
que desconfiáramos de nosotros mismos o dudáramos de las fuerzas
del país; parece que nos cerraran los horizontes delante de nosotros
y que no se sintiera en toda su intensidad los latidos del sentimiento nacional, y en medio de todo nos preguntamos a cada momento
por la salud del Presidente, sin tener contestaciones categóricas.*

*"A este paso podría decirse que no tenemos en toda su amplitud un
Presidente de la Nación, tal como debe ser, cuando siempre y en todo
momento debe haber un Presidente que obre y desenvuelva su acción*

plena dentro del mandato institucional y de sus propias capacidades
para satisfacer los anhelos públicos que así lo están reclamando".

A todos responde el ministro del Interior, doctor Indalecio
Gómez: *"El Poder Ejecutivo hace suyas las declaraciones del señor*
Presidente, expresadas en su pedido de licencia, las que, como ya es
manifiesto, reposan en la opinión de los médicos que lo asisten y
que, autorizados por él, han manifestado al Poder Ejecutivo que el
Primer Magistrado se encuentra mejor, que el pronóstico de su en-
fermedad es favorable y que, a fin de que la mejoría alcanzada se
consolide y progrese en el reposo y para que el restablecimiento de su
salud sea completa y rápida, le han aconsejado que insistiera en el
pedido de prórroga de su licencia".

Más allá de estos escarceos, la solicitud de prórroga de la licencia de Sáenz Peña es aprobada por el Senado el 9 de diciembre de
1913. Dicha aprobación lleva la firma de los senadores Luis Güemes —que era uno de los médicos del Presidente— y B. Ocampo.

El debate en diputados fue igualmente áspero. Lo abrió el
diputado Víctor R. Pesenti, quien para comenzar expresó: *"Lo*
que resulta de la discusión de dicha Cámara (el Senado), *a la que*
por una cuestión parlamentaria no podría referirme para comen-
tarla, es que si el Dr. Roque Sáenz Peña vive —y que siga vivien-
do en buena hora— el Presidente de la República está muerto,
muerto por la indiferencia o la complacencia de la opinión enfren-
te de ese acto político agresivo hacia su investidura; muerto por su
ministerio, que ha continuado al servicio de su reemplazante, de
ideas contrarias en administración y en política, teniendo segura-
mente que oblicuar su línea, para evitar que se repita un decreto
como el del Vicepresidente Marcos Paz, destituyendo a los ministros
Costa y Elizalde, que repusiera después el presidente Mitre a su re-
greso del Paraguay; muerto, porque aquel gallardo Presidente de vis-
toso programa y fosforescentes epístolas, después de regenerar a las pro-
vincias políticamente débiles, se ha eclipsado de la escena, cuando en-
traban en turno provincias políticamente, pero no, popularmente

fuertes; y muerto, en fin, porque, si el comienzo de una tarea magnificada por sus corifeos, lo ha agotado físicamente, nada de él puede esperarse ya para llevarlo a feliz coronamiento".

El diputado Pastor, continúa en el uso de la palabra y manifiesta: *"La gran máquina del gobierno del país, confiada a motorman ilustre, capaz ayer, la deja, como dirían los prácticos, en punto muerto, porque se siente enfermo, imposibilitado de asegurarle un funcionamiento normal.*

"En primer lugar, debemos hacer notar que en la primera solicitud de licencia, no se invocó la causal de la enfermedad; fue una solicitud más concreta, más armónica con los preceptos de nuestra Constitución; pidió licencia para ausentarse de la Capital. Pero en la segunda ya plantea este problema al país: ¿Está capacitado el Presidente o no para desempeñar la Presidencia? ¿Está afectado por una enfermedad que lo coloca en condiciones de no ser motorman enérgico y eficaz de la máquina del gobierno del país, como quiere la Constitución? ¿Hasta dónde es humanitario que un hombre afectado de una dolencia grave, en una situación verdaderamente difícil, que para bien de los argentinos sería de desear que no existiera, hasta dónde es humanitario, digo, fijarle un término, señalarle un plazo de sesenta días hasta que sane y vuelva a asumir el gobierno?".

Y de las consecuencias de esta falta del "motorman" no se salvan, según el diputado Pastor, ni los monumentos. Veamos: *"Me refiero al hecho de que exista desde hace tiempo, cual fantasma envuelto en empolvados lienzos, olvidado en una encrucijada de las calles de esta ciudad, el monumento erigido para perpetuar la memoria de un estadista ilustre, uno de los más enérgicos gobernantes argentinos: el Dr. Carlos Pellegrini; monumento que espera desde hace tiempo que haya gobierno que lo libere de esos sucios lienzos y lo entregue al respeto y la admiración de sus conciudadanos".*

Por lo tanto el diputado Pastor pide la renuncia de Sáenz Peña en estos términos: *"Debemos esperar, señor Presidente, que se produzca en el hijo el sentimiento y el pensamiento del también*

*gran presidente doctor Luis Sáenz Peña, quien, en condiciones aná-
logas, dijo a la Nación: 'Sintiendo fatigado mi espíritu y quebrantada mi salud, he adquirido la convicción de que mi continuación
en la Presidencia de la República es ineficaz para el bien de la patria y me creo en el deber de presentar al Honorable Congreso de la
Nación mi renuncia indeclinable del cargo de Presidente de la Nación con que fui honrado por mis conciudadanos, anhelando recuperar mi tranquilidad privada, seguro de que seré más respetado
como ciudadano de lo que lo he sido desde que fui investido con la
autoridad suprema de la Nación".*

Llega el turno, entonces, del diputado Estanislao Zeballos.

Comienza hablando de la trascendencia del tema de la salud
del Jefe de Estado: *"Cuando el enfermo es el Jefe del Estado, la
conmoción es uniforme y general en todo el país porque son los intereses públicos los directamente afectados, aparte de los intereses de
la familia y de los afectos del círculo menor de los amigos. Y entonces, la cuestión de la enfermedad del Presidente de la República, de
su situación en el gobierno, de su alejamiento temporario o definitivo del mismo, de su reemplazo, no puede ser tratada con el criterio de los clubes sociales, sino con todo el sentido de la Constitución;
y el criterio de la Constitución es muy diverso de las actitudes asu-
midas hasta ahora en todo el país".*

A continuación, Zeballos ofrece una explicación técnica del
reemplazo del Presidente por el Vice según la ley de acefalía:
*"La Vicepresidencia de la República es una institución nueva en el
derecho constitucional, que nace con la Constitución de los Estados
Unidos. No tiene precedentes en el derecho público monárquico e
imperial de Europa, si no fuera en la institución de los virreyes; y
los americanos se encontraron ante la necesidad de substituir al
Presidente en algunos de los cuatro casos o situaciones que pueden
ocurrir, por muerte, por renuncia o destitución del poder, por ausencia de la capital de la República, por enfermedad. Habría así
dos causas de vacancia del Poder Ejecutivo de orden natural: la*

muerte y la enfermedad; habría una causa voluntaria, la renuncia; y habría una causa de orden público, la destitución".

Termina diciendo: *"¿Cuál es la interpretación del artículo 75 de la Constitución que nos rige? Que cuando se enferma, cuando desgraciadamente se muere, o cuando, más desgraciadamente, es ipso jure acusado y sentenciado por crímenes, o cuando se ausenta de la capital, queda vacante ipso jure de la presidencia de la República, y por un medio dinámico, que no requiere la intervención del Congreso, asume el mando el Vicepresidente y ocupa el lugar del Presidente. Y así como sería absurdo que el Presidente de la Nación pidiera permiso para morirse, así como sería absurdo que pidiera permiso para ser condenado por el Senado en caso de enjuiciamiento, igualmente sería absurdo interpretar la misma frase en el sentido de que debe pedir permiso para enfermarse. ¡Está enfermo por una razón fatal! Y una vez enfermo, el Presidente no necesita permiso del Congreso para ausentarse de la Capital si ha delegado el mando.*

"Una vez que regrese sano a la Capital, aunque sea un solo mes antes de cumplir su período, el Vicepresidente le devolverá el mando y, a su vez, el poder".

El pedido de licencia por sesenta días se aprueba con fecha 10 de diciembre de 1913.

Pero la salud de Sáenz Peña no mejoraba. La realidad marcaba que era muy difícil que lo hiciera con la rapidez que requerían los tiempos políticos de aquellos años que, como casi todos los años, eran dramáticos.

Por lo tanto, cumplidos esos sesenta días, hubo necesidad de solicitar un nuevo período de prórroga, al que debió seguir otro.

En el medio, la intriga aumentaba. Y es que hasta aquí, la pregunta seguía sin respuesta. ¿Qué tenía el Presidente? ¿Cuál era ese mal que lo aquejaba que, según sus opositores y detractores, era incurable? ¿Había alguna razón vergonzante que impidiera hacer conocer a la opinión pública la enfermedad presidencial?

En los pasillos del poder y en su trastienda, esa enfermedad tenía nombre y apellido: sífilis cuartelera. También tenía origen: el tiempo pasado por Sáenz Peña en el frente de batalla durante la Guerra del Pacífico. El silencio presidencial acrecentaba los rumores y les daba credibilidad.

Pero, más allá de esta conjetura, había otra enfermedad que afectaba al Presidente: la diabetes. En aquellos tiempos no existía la terapéutica de reemplazo a base de insulina y, por ende, los tratamientos de este mal eran de escasa eficacia. El reposo, el alejamiento de cualquier tipo de stress y la dieta eran las únicas herramientas de tratamiento. Por lo tanto, se entienden perfectamente los reiterados pedidos de licencia.

Pero claro, a pesar de ello, la enfermedad seguía avanzando y sus efectos se hacían sentir.

No obstante el avance de su afección, Sáenz Peña nunca perdió la esperanza de reasumir el poder. Y, ese momento, pareció llegar el 8 de agosto de 1914. En las semanas previas a esa fecha, sintió que sus fuerzas volvían. Su optimismo era creciente. Por fin podría vencer las habladurías y las intrigas de la oposición y de sus detractores dentro del gobierno a las que debió tolerar con un silencio que le producía fastidio y que su familia, su esposa y su hija, habían acompañado con gran estoicismo.

Desde hacía unos días ya había comenzado a ocuparse otra vez de los temas de gobierno.

El día 8, después del almuerzo, había decidido realizar un paseo junto al doctor Fernando Gowland, prosecretario de la presidencia. Hacía frío y estaba ventoso. Por lo tanto, siguiendo la recomendación de su familia, permaneció en la casa. La tarde se fue en lecturas y a las 19.30 se dirigió a los cuartos del primer piso en donde conversó un rato con su cuñada, Josefina González de Sorondo, y con el comisario Amabrio Villar que integraba su custodia. Villar era un hombre de suma confianza del Presidente quien en esos momentos le entregó un cheque,

que llenó de puño y letra, para que depositara en el Banco Español del Río de la Plata a fin de cubrir una serie de deudas.

Sobre las 20 arribaron a la casa de descanso los doctores Ricardo Olivera, secretario de la Presidencia y Pacífico Díaz, médico personal del Presidente. Al enterarse de que éste descansaba, Olivera decide retirarse en tanto que Díaz se dirige a ver al paciente. En el momento justo en que el médico presidencial entraba a la habitación, Saénz Peña se descompuso. Díaz diagnostica un ataque cerebral (accidente cerebrovascular). El vértigo se instala pues en la residencia. El cuadro evoluciona rápidamente hacia una leve mejoría no obstante la cual, Díaz pide que se llame al doctor Güemes quien a esa hora se encontraba en la sesión del Senado. A las 22.15 recibe la llamada telefónica del doctor Gowland y se encamina inmediatamente hacia la casa en donde estaba el Presidente. La noticia vuela por los pasillos del Congreso y pronto se propaga a la opinión pública.

En paralelo, el secretario de la Presidencia se dirige a avisarle lo que estaba aconteciendo al vicepresidente De la Plaza quien se encontraba en su domicilio acompañado por el ministro de Justicia e Instrucción Pública, doctor Cullen. De la Plaza, ni bien conoce la novedad, sale inmediatamente hacia la residencia del Presidente. Cuando llega, Saénz Peña está en coma y agonizante. A la cabecera de su cama están su esposa e hija, Rosa Sáenz Peña de Saavedra Lamas, junto a otros familiares y amigos. Los médicos se saben ya impotentes. Lo único que queda es esperar. De la Plaza, impactado, se retira luego de permanecer algunos momentos en el dormitorio presidencial. Decide aguardar el desenlace en la planta baja de la casa. Hay silencio y lágrimas en los que rodean el lecho del Presidente. A las 2.15 del 9 de agosto de 1914, la agonía termina. Es entonces que las pizarras de los diarios interrumpen bruscamente el arsenal de noticias que vienen desde el frente en el que se desarrolla el drama de la primera guerra mundial para comunicar la novedad que produce conmoción y pena: el presidente Sáenz Peña ha fallecido. *"En el silencio de la noche, el silencio de las multitudes consternadas es más hondo, más expresivo, más doloroso que todas las lágrimas. Y cuando en las pizarras iluminadas, donde momentos antes aparecían combates y derrotas y victorias exaltando las pasiones, fue puesto el retrato del ilustre muerto, todas las cabezas se descubrieron en un movimiento espontáneo de respeto y de dolor ante lo irreparable de la catástrofe"*, publicaba en su primera página el diario *La Razón*.

CAPÍTULO TRES

Hipólito Yrigoyen
Contra la uremia

Todo estaba perdido. Ésa era la sensación que embargaba a quienes lo rodeaban. Sin embargo, él entendía que había que resistir. No importaban ni su malestar general, ni su debilidad, ni su fiebre. Había que sacar fuerzas de donde las hubiera para contener la barbarie.

Las órdenes pues, partían raudas. A su ministro González le dijo que debía aguardarlo en el Arsenal en tanto él iba para La Plata. Su médico personal, el doctor Meabe, desaconsejó ese viaje. Pero su opinión tampoco importó.

Así, a las cinco y media de aquella fría tarde del 6 de septiembre de 1930, Hipólito Yrigoyen salió de su casa fuertemente arropado, el sobretodo sobre sus hombros y un poncho alrededor de sus piernas.

El destino era la ciudad de La Plata. Yrigoyen viajaba en el auto del doctor Horacio Oyhanarte junto con su médico personal. Los acompañaba un segundo automóvil en el cual iban el comisario de la presidencia, Oreste Cansanello, junto con Leopoldo Flores y Vicente Scarlatto. Al llegar a la capital de la provincia de Buenos Aires, tras dos horas de viaje, enfilan directo hacia la Casa de Gobierno. Los recibe allí el gobernador Crovetto quien acompaña al Presidente a su despacho. Una vez allí, Yrigoyen pide que se llame al jefe del Regimiento 7$^{\underline{mo}}$ de Infantería. El comisario Cansanello es despachado hacia la Capital Federal. Su misión es la de ordenar al ministro González que resista en el Arsenal. No sabe que éste ya se ha rendido. Su estado de salud se sigue deteriorando. La fiebre ha aumentado. Intenta descansar. Es en esos momentos que llega la comunicación con el jefe del regimiento quien le transmite una orden tajante. El gobierno revolucionario le ha ordenado pedir la renuncia de Yrigoyen que debe estar escrita pero no firmada. Todo había terminado. Había sido derrocado.

Juan Hipólito del Sagrado Corazón de Jesús Yrigoyen nació en la ciudad de Buenos Aires el 13 de julio de 1852. Sus padres fueron Martín Yrigoyen, de origen vasco francés y Marcelina Alem, oriunda de la ciudad de Buenos Aires.

Su infancia transcurre en aquellos años de los albores de la organización nacional. Son tiempos en los que se define la conformación de la Argentina como país. La caída de Rosas, la presidencia de Justo José de Urquiza, la sanción de la Constitución Nacional, Cepeda, Pavón, la breve gestión de Santiago Derqui, el presidente olvidado y el advenimiento de Mitre jalonan el devenir político de aquel tiempo augural.

No abundan los datos sobre la infancia de Yrigoyen. La tragedia de los Alem, la familia de su madre, tiñe de congoja esos años. Leandro Antonio Alen —con n pues así se escribía originalmente el apellido— había sido mazorquero en la época de Rosas. La caída de "Don Juan Manuel", como se lo llamaba en esa casa, había significado la desgracia. Y la desgracia significó la muerte de Leandro Antonio que fue fusilado en la plaza pública. Su hijo, Leandro Nicéforo, tío de Hipólito, fue uno de los que más sufrió el escarnio de ese pasado. Hasta intentó cambiarse el apellido para terminar con tanta ignominia. Algún destacado hombre de leyes se lo desaconsejó. Y entonces apareció la *m* como un algo para mitigar la maldición de aquel apellido. Leandro, diez años mayor que Hipólito, tendría una influencia tremenda sobre la vocación política de su sobrino.

Pero todavía corrían los años de su infancia que tuvo otros dramas. En este caso, el de su tía Luisa que un día desapareció de su casa. Fue porque tuvo un hijo siendo aún soltera. Y al margen de su soltería, el escándalo estuvo potenciado porque su amante, el padre de esa criatura, era un sacerdote que había sido preceptor de Leandro. Antecedentes de peso en la infancia de Hipólito marcada por las enseñanzas de su padre, un vasco trabajador y emprendedor que se empeñó en legarle a sus hijos —que además de él eran Roque, Martín, Amalia y Marcelina— una educación del mejor nivel y la vocación por el trabajo.

Desde el vamos la relación entre Leandro Nicéforo e Hipólito, a pesar de su diferencia de edad, fue muy buena y sería decisiva a la hora de encaminar la vocación política del futuro presidente. Leandro, más que el tío, parecía un hermano mayor.

La cultura del trabajo prende pronto en Hipólito que se va empleando en distintos quehaceres: una tienda, una empresa de tranvías y un estudio de abogados.

Son años de convulsión en la política nacional. Se declara la guerra de la Triple Alianza. Habría de ser una guerra durísima. El presidente Mitre se pone a la cabeza de las fuerzas nacionales. Alem se incorpora a ellas. Herido en Curuzú-Cuatiá es enviado de regreso a Buenos Aires. Allí se vio cautivado por la puja política que generaba la sucesión presidencial. Adolfo Alsina era el aspirante al sillón de Rivadavia. Pero Urquiza también quería volver a ocupar ese lugar. Y en medio de esa puja feroz surge, casi de casualidad, la candidatura de quien era, por aquellos días, embajador de la Argentina ante el gobierno de los Estados Unidos. Es entonces que por "gracia y milagro del espíritu" —según el historiador Ricardo Rojas—

aparece la increíble fórmula Domingo Faustino Sarmiento-Adolfo Alsina que gana la elección.

Alem, que en 1869 se recibe de abogado, inicia su carrera política. Es nombrado secretario de la Legación Argentina en Río de Janeiro. Vuelve a los pocos meses. Quiere participar de la política aquí y es por eso que no acepta un cargo de vicecónsul en Asunción del Paraguay. En marzo de 1872, luego de un intento fallido en 1870, es elegido diputado para la legislatura de la provincia de Buenos Aires. Para Hipólito esto tendría una consecuencia directa. En agosto de ese mismo año —a la edad de 20 años— es designado comisario de la parroquia de Balvanera.

Alto, corpulento, parco, de voz susurrada y austero en el vestir. Parecía mayor de lo que era. Fue querido por el vecindario que, en una oportunidad, pretendió regalarle un carruaje que se compró por suscripción popular. Él lo rechazó. Yrigoyen demostró tener aptitud para manejar al delincuente. Y fue así que a través de la palabra, que le fluía con facilidad, logró reencaminar a más de uno que marchaba sin rumbo por la vida.

El puesto de comisario le procuró dinero que usó para pagar sus estudios de abogacía. En 1873 se anota en la Facultad de Derecho. Cursa la carrera con regularidad.

La presidencia de Nicolás Avellaneda —1874-1880— iría a deparar una de las primeras experiencias en la cual el juego de la política muestra sus caras. En una de ellas está la victoria y en la otra la derrota. Alem e Yrigoyen habían sido, al comienzo, defensores férreos del Presidente durante un intento de sublevación mitrista. Pero el tiempo y las circunstancias los llevó de defensores a adversarios. Así, en 1877, apoyan la lista que sostenía a Aristóbulo Del Valle para gobernador de la provincia de Buenos Aires. Esta lista, opositora al candidato del oficialismo, gana pero su triunfo motiva un alzamiento de los gobiernos de la Nación y la Provincia que le arrebatan la gobernación.

Por supuesto que para Yrigoyen las consecuencias serán inmediatas. Poco después de ese episodio se lo cesantea de su puesto de comisario, acusado de haber tomado parte en un tiroteo entre las dos divisiones del autonomismo en el día de la elección. Había durado cinco años en el cargo.

Yrigoyen no se queda quieto. Comienza a participar en el Comité Republicano que agrupa a la línea "delvallista" del autonomismo. Luego, cuando esa línea se abriera del autonomismo y configurara el Partido Republicano, es electo presidente de uno de sus comités. El intento de este partido de vencer el acuerdo urdido por Mitre y Alsina fracasa en la elección a gobernador de diciembre de 1877, en la que se impone el candidato del acuerdo, Carlos Tejedor. Yrigoyen tiene entonces 25 años y se queda sin nada.

En 1878 es elegido diputado de la legislatura de Buenos Aires por el Partido Republicano. Participa poco de la campaña ya que está absorbido por las instancias finales de sus estudios en la Facultad de Derecho. Ejerce la representación durante dos años. En esos dos años la vida política argentina fue muy agitada. La muerte de Alsina da pie al desmembramiento del acuerdo entre mitristas y autonomistas. Esto complica la sucesión presidencial de Nicolás Avellaneda. Se perfilan dos candidaturas: las de Carlos Tejedor y Julio Argentino Roca. Los republicanos deciden apoyar a Sarmiento. Avellaneda se inclina por Roca. La elección se lleva a cabo en 1880. Tejedor desconoce el resultado de la elección y decide derrocar al gobierno. Avellaneda deja la ciudad de Buenos Aires y traslada su gobierno al entonces pueblo de Belgrano. Luego de unos días de combates, las fuerzas leales al Presidente se imponen. Roca será el nuevo Presidente y la ciudad de Buenos Aires se federalizará y se transformará en la Capital Federal de la República Argentina hecho que, a trasmano de lo pensado por quienes así lo establecieron, acentuaría el centralismo del país.

El desempeño de Yrigoyen en la Legislatura es correcto. Muestra conocimiento en algunos temas económicos y sus intervenciones son consistentes. Termina su diputación en marzo de 1880. Su situación económica es más bien modesta. Se beneficia de una decisión del presidente Avellaneda de rodear a Roca de una gran cantidad de partidarios del autonomismo. Es entonces que presta atención a una sugerencia de Alem y lo designa a Yrigoyen como Administrador General de Patentes y Sellos de la Nación. Permanece allí desde julio hasta septiembre de 1880.

Luego es elegido diputado nacional por el Partido Autonomista. Yrigoyen creyó al principio que Roca era una solución para tanto conflicto. Su actuación fue opaca. Falta con frecuencia y se da cuenta de que ése no es el partido con el que soñaba para llevar adelante sus proyectos políticos. Al concluir su mandato se retira.

Hasta aquí la vida de Yrigoyen había tenido, además de esta actuación pública, un claro compromiso con las tareas educativas. Había sido Presidente del Consejo Escolar de Balvanera y profesor de la Escuela de Profesores, cargos para los cuales fue designado por Sarmiento en el tiempo en que éste fue Presidente del Consejo de Educación. El primer cargo lo desempeñó *ad honorem*. El segundo lo hizo en forma rentada habiendo donado los haberes correspondientes al Hospital de Niños hasta que fue cesado en el cargo por el presidente Quintana después de la revolución de 1905.

En los años que van de 1880 a 1890 forjó la fortuna que le aseguraría su prosperidad económica. Se dedicó a la actividad rural. Por años alquiló con su padre una estancia con tierras de muy buena calidad en Estación Micheo, en la provincia de Buenos Aires.

Obtuvo un crédito y adquirió dos estancias más y luego una tercera que dedicó a la invernada.

Pudo pagar los créditos con comodidad y transformarse en propietario.

De sus estancias, "El Trigo", en Las Flores, debió ser vendida para pagar los gastos de la revolución de 1893. "La Seña", otra estancia que adquirió en Anchorena, San Luis, debió ser hipotecada para pagar los gastos de la campaña presidencial de 1928.

Es claro pues que Yrigoyen hizo fortuna con la actividad agropecuaria. Pero esa fortuna fue en gran parte dedicada a sus actividades políticas. Por eso en sus últimos años vivió cierta zozobra económica.

La gran debilidad de Yrigoyen eran las mujeres. Y esto habría de condicionar mucho su espíritu en los últimos años de su vida. Yrigoyen nunca se casó. Estuvo a punto de hacerlo con una joven de la aristocracia porteña. La oposición del padre frustra la boda. De sus relaciones veinteañeras con una ama de llaves de la casa de sus padres nace una hija que estaría a su lado hasta el fin de sus días. Su nombre: Elena.

De una relación apasionada y que se extendió entre diez y doce años con Dominga Campos, mujer de la aristocracia que deja todo por él, nacieron 6 hijos a quienes nunca reconoció. Tres de ellos murieron prematuramente y la madre falleció de tuberculosis en los últimos meses de 1889.

Éste también era Yrigoyen. Un varón, ni más ni menos. ¡Y cuánto sufriría en sus últimos años cuando la virilidad de la juventud era sólo un recuerdo!

Llega así el año 1890. Gobernaba Miguel Juárez Celman, cuñado y hombre de Roca. Era un hombre del "Régimen".

La Argentina hacía agua. Los males de la economía afloraban por doquier. El valor del oro se incrementaba sin parar y las maquinitas de hacer billetes de los bancos de provincia trabajaban a más no poder. Inflación, quiebras y aumento de la deuda externa constituían un cóctel explosivo de los cuales nuestro país tendría muchos en el devenir de su historia.

El 1 de mayo estalló la protesta social con manifestaciones en las calles y banderas rojas incluidas.

El 13 de abril se fundó la Unión Cívica y Leandro N. Alem había sido designado como su presidente. La revolución estaba en marcha. Yrigoyen tuvo participación en ese movimiento aun cuando su opinión no fue tenida en cuenta a la hora de fijar el momento de comienzo de las acciones. La fecha elegida: el 26 de julio de ese año. El plan era que en la noche del 25 al 26 las tropas rebeldes saldrían de sus unidades para dirigirse al Parque de Artillería, que estaba ubicado en el centro de la ciudad. Una vez tomada esa unidad, se avanzaría sobre los distintos puntos estratégicos de la capital desde donde operaba el poder.

Al principio todo salió como estaba planeado. A Yrigoyen le cupo la responsabilidad de sublevar al Colegio Militar. Sus mandos estaban con la revuelta. Esto se cumplió sin inconvenientes. Llegaron al Parque, liberaron al general Campos quien mandó que se ejecutara el Himno Nacional al alba. Pero a partir de ahí todo anduvo mal. Campos se negó a avanzar sobre la ciudad. Por lo tanto, las tropas leales al gobierno no tuvieron problemas en sitiar la unidad la cual, luego de tres días de lucha, se rindió. La especulación fue que el general Campos traicionó a la revolución y que finalmente arregló con Roca, quien usó al movimiento rebelde para forzar la renuncia de Juárez Celman a la presidencia y permitir entonces el ascenso de Carlos Pellegrini.

"Yo renuncio si Pellegrini renuncia también" fue la frase que, dicha con ira, revela que Juárez Celman se daba cuenta de que lo querían desplazar por su vice.

En esa revolución compartieron ideales y responsabilidades Yrigoyen, Juan B. Justo y Lisandro de la Torre.

La revolución se perdió. Pero quedó un germen fuerte. El de la búsqueda de una estructura política que permitiera cambiar de cuajo el mapa y la metodología política del país. Y en eso se trabajó arduamente durante un año. Y así, entre discusiones, idas y venidas, en julio de 1891 se crea la Unión Cívica Radical. Yrigoyen es electo presidente provisional del Comité Provincial del partido. Por supuesto que el partido no es ajeno a las luchas por la figuración. Esa lucha se manifiesta en la elección de los candidatos para los comicios presidenciales de 1892. La fórmula fue Bernardo de Irigoyen a presidente y Juan M. Garro a vice. La situación política es crítica. El acuerdo entre mitristas y roquistas va de mal en peor. Mitre, que era el candidato del oficialismo, se da cuenta de que su candidatura en vez de unificar divide y decide, entonces, renunciar a su postulación. Esto marca el fin del acuerdo. Ante esta circunstancia, Roca dimite como jefe del Partido Nacional y declara que se retira de la vida política.

Ante este panorama, el presidente Pellegrini llama a dialogar a un grupo de personalidades con el fin de establecer ciertos acuerdos que permitan destrabar la crisis. Entre los consultados está Yrigoyen. La postura del caudillo radical dio lugar a una tensa situación con el Presidente. Al negar cualquier tipo de apoyo a los acuerdos que proponía Pellegrini, éste se enojó y, según Félix Luna, dijo: "*¿Y cómo quiere el doctor Yrigoyen que me coloque en mi puesto si me están quemando la cara las llamaradas de una revolución hecha precisamente por su partido?*

"*Yrigoyen, sin amilanarse, contestó:*

"*¡Cumpla el Presidente con su deber: garantice el comicio y verá cómo ninguna revolución radical le quema la cara! En ese caso, verá usted cómo la institución cívica a la que pertenezco será el primer factor de la tranquilidad y seguridad públicas*".

La elección presidencial de 1892 la gana el binomio Luis Sáenz Peña-José Félix Uriburu.

Yrigoyen está convencido de que la única manera de solucionar el oprobio del fraude electoral es por las armas. Y así se prepara otra conspiración ante un gobierno tambaleante que es manejado desde las sombras por Roca.

El 29 de julio de 1893 es derrocado el gobierno de San Luis por el radicalismo de la provincia a cuyo frente está Juan Saá. El 31 de ese mes, los radicales toman Rosario y, tras una lucha cruenta, marchan sobre Santa Fe forzando la renuncia de su gobernador.

Yrigoyen se pone al frente de las milicias radicales que el 30 de julio toman el pueblo de Las Flores. El 9 de agosto la revolución triunfa en la provincia. Sin embargo la revolución fracasará ante la decisión de Aristóbulo del Valle, radical y ministro de Guerra del gobierno de no acceder a ordenar las tropas que se rebelen en masa contra el gobierno constitucional. Del Valle renuncia por esta causa. Y ello posibilita la reacción del gobierno la que es encabezada por Roca que, entre otras cosas, hace nombrar en el ministerio del Interior a Manuel Quintana, hombre de la más rancia estirpe conservadora, quien ordena una serie de acciones que terminan por sofocar el movimiento revolucionario.

La revolución termina con Alem en la cárcel y con Yrigoyen dispuesto a perseverar.

En enero de 1895, alegando problemas de salud, renuncia a la presidencia de la Nación Luis Sáenz Peña. Lo reemplaza su vice, José Félix Uriburu.

En marzo de 1896 el radicalismo es vencido por primera vez en las elecciones en la Capital. Esto desmoraliza fuertemente a Leandro N. Alem que fatigado, enfermo, desolado y pobre se suicida el 1 de Julio de ese año. Yrigoyen sabía que ese hecho fatal marcaba su hora. La de asumir la máxima responsabilidad al frente del partido. No obstante, a él también lo embargó el abatimiento en esos momentos lúgubres y tal vez se sintió algo culpable con el atroz desenlace. A unos correligionarios que le habían preguntado sobre la depresión cada día más ostensible de Alem, Yrigoyen había respondido con dos letales palabras: *"Leandro bebe"*.

"Lo que hemos perdido hoy es demasiado grande para que podamos pensar todavía en estas cosas (se refería a la necesidad de

reorganizar el partido). *Vuelvan ustedes a sus provincias y yo les avisaré cuando la Unión Cívica Radical esté en condiciones de reiniciar la lucha"*, declara Yrigoyen, según su biógrafo Félix Luna.

La elección presidencial de 1898 vio la disolución del Comité de la provincia de Buenos Aires de la UCR. Fue el prolegómeno de la disolución del partido a nivel nacional. Iban a pasar cinco años hasta que se reconstituyera. En esos años Yrigoyen se dedicó a trabajar en la recomposición de su fortuna personal así como también a reunirse con militares a la búsqueda de la conspiración que permitiera acabar con el régimen. La presidencia de Roca enfrentaba problemas sociales crecientes, producto de la situación de injusticia social que sufría una clase trabajadora que, constituida por gran cantidad de inmigrantes europeos, había introducido en nuestro país las nuevas ideas de progreso social que se agitaban en el viejo continente.

Yrigoyen se pone al frente de la reorganización del partido. Dicha tarea concluiría el 29 de febrero de 1904 con la constitución del Comité Nacional y la aprobación del manifiesto que, a más de fundamentar las razones de la abstención y protestar contra el régimen, expresa: *"Que orden y probidad en las finanzas, patriotismo en la vida pública, justicia recta, educación bien inspirada y adecuada distribución de la riqueza y progreso harán que se levante nuestra Patria al lugar prominente que le corresponde en el mundo".*

El gobierno de Roca estaba sufriendo crisis sucesivas. Una de las más fuertes fue la que terminó con el distanciamiento de Pellegrini, otrora hombre del régimen. Yrigoyen, en tanto, seguía trabajando en la conspiración. Había establecido buenas relaciones con las camadas más jóvenes egresadas del Colegio Militar que tenían una clara formación prusiana. En ellas, sin embargo, el discurso de Yrigoyen prendió y mucho. Yrigoyen, de todas maneras y luego de la experiencia de las dos revoluciones fracasadas en el '90 y en el '93, entiende que a estas tropas había que darles un importante apoyo cívico sin el cual cualquier posibilidad de triunfo se desvanecía. Pretendía que, además, fuera una revolución exclusivamente radical. El gobierno de Roca, ya en sus postrimerías, estaba al tanto de estos movimientos conspirativos aun cuando ignoraba sus detalles. Uno, entre ellos, fundamental: la fecha.

Esa fecha en principio iba a ser el 10 de septiembre de 1904. Pero la remoción del jefe de guardiacárceles de la provincia de Buenos Aires, hombre adicto a Yrigoyen, retrasó todo. Por ende, Roca pudo terminar su presidencia y entregar el bastón de mando a su sucesor, también hijo del fraude electoral, Manuel Quintana, el 12 de octubre de ese año.

La nueva fecha fijada por la Junta Revolucionaria del partido fue la de la noche del 3 al 4 de febrero de 1905. Se había trabajado con mucho sigilo pero, a pesar de ello, el gobierno estaba informado de lo que se venía. Y produjo una movida clave: asegurar el Arsenal de Guerra, en Buenos Aires, que era el punto central del accionar revolucionario. Para ello fue decisivo el protagonismo del Jefe del Estado Mayor, general Carlos Smith. Los revolucionarios tomaron algunas plazas importantes como Mendoza, Bahía Blanca y Rosario pero, al fallar la Capital, todo el movimiento perdió fuerza. El resultado fue que la revolución fracasó, y que los apresados por las fuerzas leales debieron purgar rigurosas penas. Cómo se decía entonces: *"Quintana no perdona"*.

Hubo que esperar la muerte del presidente Quintana, acaecida en marzo de 1906, para que se comenzara a hablar de una amnistía. Y fue el sucesor de Quintana, José Figueroa Alcorta, el encargado de concretarla. En ese año de 1906, a más de la muerte de Quintana, se producen las de Mitre y Pellegrini. Figueroa Alcorta tuvo una obsesión: la de destruir la influencia política del general Roca. Y, en gran parte, triunfó. Como consecuencia de esta actitud del Presidente, Yrigoyen accedió a tener dos reuniones con él. La primera en 1907 y la segunda en 1908. Yrigoyen perseguía la idea de obtener elecciones limpias. No fue posible lograrlas. En este tiempo las protestas sociales comienzan a formar parte del paisaje social del país. En 1906 pararon 60.000 trabajadores, en 1907 169.000 y en 1909 cerca de 200.000.

En 1909 se produce el primer cisma dentro de la UCR. El hecho se desencadenó por la falta de acuerdo sobre la posición abstencionista del partido. El 6 de septiembre se conoció el "Manifiesto Disidente", en el que se ataca la conducción personalista de Yrigoyen.

Ya estamos en 1910. El año del centenario. El año donde proliferan las alabanzas hacia la tierra de promisión que representa la Argentina. Personajes de la realeza y de las artes se pasean por nuestro suelo cantando su admiración y pronosticando todo tipo de venturas para esa Argentina opulenta y desigual. 1910: año de elecciones. Y, otra vez, la máquina del fraude y del dedo se pone en marcha. El beneficiado de este turno resulta ser Roque Sáenz Peña que, sin ninguna estructura política de base, es electo Presidente. El triunfo de Sáenz Peña determinará, sin embargo, el fin del roquismo y la apertura de una nueva era para la política nacional: la era del voto secreto y universal, que sería la llave que iba a permitir el acceso al poder de una nueva generación de políticos.

Tras la llegada del Presidente electo a Buenos Aires se realizan sus tres reuniones, que serían históricas, con el caudillo radical. En la primera, que duró dos horas, Sáenz Peña deja en claro su proyecto de *"asegurar el ejercicio libre y honesto de todos los derechos prometidos por la Constitución"*. En la segunda, se le ofrecen al radicalismo dos ministerios. Yrigoyen le responde de manera similar a como lo había hecho con el ex presidente Luis Sáenz Peña: *"La Unión Cívica Radical no busca ministerios. Únicamente pide garantías para votar libremente"*. La tercera reunión tendría lugar luego de la asunción del nuevo Presidente.

Comienza entonces un período histórico trascendente no sólo para la vida de Yrigoyen sino también para la vida del país. En 1912 se promulga la que se conocería luego como Ley Sáenz Peña que determina la adopción del padrón militar para asegurar un registro limpio de los votantes y el voto secreto para terminar con las maniobras fraudulentas de la adulteración del voto.

Se produce el primer test electoral para esta ley y, por ende, para el radicalismo. Es la elección a gobernador de la provincia de Santa Fe. Después de un intenso debate interno, la UCR decide abandonar su posición abstencionista. Se vota pues el 30 de marzo de 1912. Y los resultados son contundentes. El triunfo de la Unión Cívica Radical sacude al país.

El 7 de abril se vota para elegir diputados nacionales. Otra vez hay triunfos del radicalismo en distritos clave como la Capital Federal. Y si bien persisten aún algunos mecanismos de fraude, los guarismos muestran que la UCR es la fuerza mayoritaria del país. La actividad de Yrigoyen en estas campañas es incesante. La dinámica de la política del país es cambiante. También lo es dentro del partido en donde aparecen divisiones que obligan a Yrigoyen a un accionar de persuasión permanente.

Se va llegando así a la elección presidencial de 1916. La muerte de Sáenz Peña, en 1914, le pone un condimento mayor de dramatismo a toda la situación.

El 22 de marzo de 1916 se reúne la Convención Nacional de la UCR para definir las candidaturas. El hecho sería histórico. Yrigoyen se resistía a ser el candidato. Hay necesidad de mucha negociación hasta que, finalmente, éste acepta. La fórmula será Hipólito Yrigoyen-Pelagio Luna.

Tras la votación, hubo un largo interregno, entre el 2 de abril y el 20 de julio de 1916, hasta que el Colegio electoral se expidió. Cuando finalmente lo hizo, luego de muchas negociaciones por parte del oficialismo que desesperadamente trataba de evitar lo inevitable, gana Yrigoyen que, sobre un total de 268 electores, consigue el voto de 152. El sueño de tantas luchas se había hecho realidad. Era el Presidente electo en las primeras elecciones limpias que se celebran en la historia del país.

Comienza una nueva vida para el caudillo radical. Hay una nueva responsabilidad. La de procurar hacer realidad las banderas de la UCR y, a través de ellas, los sueños de reivindicación de las clases más desamparadas de la sociedad argentina. Desde ese punto de vista es evidente que la gestión de Yrigoyen distó de satisfacer la totalidad de esas demandas. Es cierto que la tarea era dificilísima. Era, ni más ni menos, la búsqueda de un cambio de cultura de la sociedad. Y eso no lo podía hacer ni un solo hombre ni un solo partido. Yrigoyen era consciente de esto y por eso era tanta su renuencia a acceder al gobierno. Tenía el gobierno pero no el poder necesario para impulsar muchos de esos cambios. La ecuación pesó en la consecución de sus proyectos junto con las naturales deficiencias que acarreó su estilo personalista de gestión.

La obstrucción del Congreso fue una constante de su administración. Así naufragaron en sus cajones y pasillos proyectos como la creación de la Marina Mercante, la ampliación de la red de ferrocarriles en las provincias del centro y norte, la ley orgánica de instrucción pública, el código del trabajo, la nacionalización del petróleo, la creación del Banco Agrícola y del Banco de la República.

Hubo también una insuficiente cantidad de funcionarios consubstanciados con la gestión lo cual impidió que ésta fuera más efectiva. Y tampoco la ciudadanía estaba preparada para acompañar los cambios que se promovían desde el gobierno. Existía la idea mágica de que por sí sola la administración Yrigoyen podría cambiar del día a la noche la realidad del país.

Entre 1917 y 1920 se producen las intervenciones federales de las provincias de Buenos Aires, Mendoza, Corrientes, La

Rioja, Catamarca, Salta, San Luis, Santiago del Estero, San Juan y Tucumán. En 1917 se dispone que el gobierno de la Capital Federal sea ejercido por un intendente nombrado por el Presidente y un Concejo Deliberante elegido por el voto popular.

En el país hay una creciente efervescencia social y los movimientos de reivindicación de derechos y mejoras laborales afloran. A lo largo de este período estallan gran cantidad de huelgas. El Presidente toma la actitud de respetar ese derecho y restringe severamente el accionar represivo y violento de la policía. Yrigoyen decide, a su vez, que no hay lugar para la indiferencia del Estado en cuestiones de tanta sensibilidad. Hay participación gubernamental en la búsqueda de acuerdos que contemplaran mejoras para los trabajadores. Esta política tuvo dos excepciones graves. Una fue la represión brutal a los obreros que protestaban en la Patagonia en 1919 y la otra la Semana Trágica en1920.

Se crea YPF y se aprueba la Reforma Universitaria.

Es un momento histórico del mundo. Hacia 1918 se produce el final de la primera guerra mundial En este sentido, en la Argentina operó una verdadera política de Estado: la de la neutralidad. Y así como el presidente Victorino de la Plaza la había proclamado con firmeza, con la misma enjundia la mantuvo Yrigoyen. Y esto a pesar de las numerosas presiones que existieron y que se incrementaron cuando las naves argentinas "Monte Protegido", "Otiana" y "Toro" fueron hundidas por submarinos alemanes. Hay que recordar, en este punto, que otro buque argentino, el "Presidente Mitre", había sido hundido por la armada británica.

En la Conferencia de Ginebra cuando alumbró el Tratado de Versailles que tantos males acarrearía al mundo, Yrigoyen mantuvo el principio de igualdad de los Estados. Esto le generó disensos profundos con los integrantes de la delegación nacional, entre ellos el de Marcelo T. de Alvear. Estos disensos dieron origen a una seguidilla de telegramas que el Presidente envió a Ginebra y que no tuvieron respuesta por parte de la delegación que, salvo el canciller Honorio Pueyrredón, no compartía la esencia de la posición sostenida por Yrigoyen. Finalmente, se procedió a la lectura de la posición argentina en la sesión del 6 de diciembre de 1920, a continuación de lo cual, la delegación argentina abandonó la conferencia.

Durante su gestión se revocan las concesiones sobre ocho millones de hectáreas. Y también se producen algunos hechos cuyas consecuencias perdurarían en el futuro. Uno de ellos es la aparición de divisiones dentro de las estructuras militares que llegan a componer verdaderas facciones. En buena medida es producto de lo que fue el pasado conspirador de Yrigoyen y que lo llevó a nombrar en cargos de importancia a quienes habían participado en los movimientos rebeldes de 1903 y 1905. Las divisiones dentro del ejército darían origen al nacimiento de la Logia General San Martín. En ella participaba el entonces coronel Agustín P. Justo quien dominaría el panorama militar por los próximos veinte años.

El otro aspecto inquietante es la división dentro del radicalismo. La más fuerte ocurre entre los personalistas, seguidores fieles de Yrigoyen, y los antipersonalistas que comparten muchas de las críticas, muy duras, que la oposición vierte sobre el Presidente.

Se llega así a 1922. Es el turno de elegir un nuevo presidente. Y, a pesar de las diferencias entre personalistas y antipersonalistas, que tienen a Alvear como máxima figura, Yrigoyen se inclina por éste a quien considera su delfín. Alvear es elegido Presidente. Asume el 12 de octubre de 1922. Al retirarse de la Casa de Gobierno, Yrigoyen es vitoreado por una multitud que atesta la Plaza de Mayo. El trayecto de vuelta a su casa, en la calle Brasil, es tumultuoso. Y la recepción en su domicilio es más tumultuosa aún. Tanto que no puede entrar a ella. Decide continuar viaje hasta el domicilio de su hermana. Allí aguardará la llegada de la noche para, por fin, poder dirigirse a su casa. Es una casona solitaria. Momentos más tarde, llega allí el nuevo Presidente. Yrigoyen y Alvear se enfrascan en una extensa, extensa conversación.

Yrigoyen habrá de ser de ahora en más "el Peludo", bicho "sucio, retraído, cobardón, huidizo de la luz cuya cueva es el refugio tenebroso y hediondo donde se refugiaba después de sus correrías", alias que le fue impuesto por el dirigente conservador Pedro T. Pagés, según la cuidadosa investigación de Félix Luna.

En 1923, se dedica mucho a su campo. Debía rehacer su situación económica.

En 1924 se produce la ruptura con Alvear. Para esa época, los días de Yrigoyen son prolongados. En la mañana recibe a un grupo de sus acólitos. En la tarde a gente de distintas actividades y lugares. Pero su salud es de hierro. Aparentemente.

Las diferencias entre personalistas y antipersonalistas aumentan. En las elecciones para renovar autoridades de las parroquias y el Comité de la Capital surgen situaciones de gran enfrentamiento. Se aplazan las elecciones en aquellas parroquias en las que ganan los yrigoyenistas. La división del partido en la Capital es un hecho consumado.

En este clima se llega a la elección presidencial de 1928. El día es el 1 de abril. La victoria de Yrigoyen es contundente. Obtiene 840.000 votos contra 440.000 de la fórmula Melo-Gallo y 65.000 de los socialistas. Yrigoyen tiene 76 años. Y el tema de la edad no es menor. Algunos periódicos hablan de los efectos del envejecimiento con la intención de desacreditarlo. Y a esto Yrigoyen responde con un deseo auténtico que esta vez no ocultaba. Ahora sí quería ser Presidente. Sabía que tenía que volver para completar todo lo hecho y enmendar los errores de la primera presidencia. Debía ser la presidencia de la reparación. En el soleado 12 de octubre de 1928 asume en medio del júbilo popular. Al salir al balcón una multitud clamorea su nombre. Yrigoyen está feliz.

Era un Yrigoyen distinto. Los años se hacían sentir.

Claro que hubo acciones de gobierno de significación. Ahí estuvo la reunión con el Presidente electo de los Estados Unidos, Herbert Hoover, ante quien presentó las demandas de América Latina hacia el respeto de las autonomías y de la abstención, por parte del gobierno de Washington, de actuar como país que se arrogara el carácter de preceptor de los sistemas políticos de la región. Defendió ante Italia, asimismo, con firmeza, los derechos de un centenar de argentinos a los que el gobierno de Benito Mussolini impedía regresar al país. Tuvo éxito.

Decreta el cierre de la Caja de Conversión para evitar la especulación con el oro. Crea la Caja Nacional de Jubilaciones bancarias, reglamenta la instalación y funcionamiento de las estaciones de radio, se autoriza el servicio aeropostal Buenos Aires —Montevideo y Buenos Aires— Washington, se crea el Instituto de la Nutrición, el Instituto del Petróleo y el del Cáncer, se evita la adjudicación inadecuada de tierras fiscales, se aprueban leyes laborales, hay un ambicioso plan de obras públicas para un desarrollo importante de la Patagonia.

Sin embargo, hay síntomas que denotan el decaimiento físico del caudillo. Su energía no es la misma. Uno de los hechos más negativos de su gestión es *"la amansadora"*. Así se denominó un modo de gestión que sometía a los ministros, a los secretarios y a muchas otras personas a esperas interminables en la antesala del despacho presidencial. *"Vuelva otro día. El Presidente hoy no puede atenderlo"*, era la respuesta repetida y bastante común para muchos que acudían a Balcarce 50 con día y hora fijados por agenda para entrevistarse con el Jefe de Estado. Para muchos ministros se hizo imposible hablar con Yrigoyen. En consecuencia, varios dejaron de ir a la Casa Rosada. Y otros tuvieron que vivir verdaderas odiseas para intercambiar algunas palabras con el viejo caudillo. En cambio, no había espera para las mujeres. Y acudían de todas las edades a visitar al Presidente que les dedicaba tiempo y atenciones ante la mirada de todos, mientras que otros pretendían disimular esto con la adulación. Así pues, para contrarrestar las furibundas campañas antirradicales, el diario *La Época* regaba sus primeras páginas con constantes adulaciones al caudillo. Era el diario de Yrigoyen.

Los que denunciaron este microclima fueron acusados de traidores. El general Dellepiane, que anunció los preparativos del golpe militar encabezado por Uriburu, fue calificado de loco.

El aislamiento de Yrigoyen llegó al extremo de que se hablara del secuestro del Presidente, hecho del que dio cuenta el diario *La Prensa* en un editorial del 29 de julio de 1930.

La lentitud de esa administración era terrible. Yrigoyen desconfiaba de todos y por eso pretendía que todo pasara por sus manos. En cierta oportunidad, dijo a Gilberto Zavala, diputado por San Luis: *"Todos esos expedientes que ve ahí son órdenes de pago: no voy a firmar ninguno porque todos son coimas"*, según registra Luna en su biografía.

La oposición política comenzó a deleitarse con la salud del Presidente, llevando a la calle la sospecha de su inhabilidad física. Con el paso de los días, la idea de que Yrigoyen podía sufrir de una afección a la próstata, corriente a su edad y aún en personas más jóvenes, fue dejando lugar a la uremia, designación que en esa época identificaba a la insuficiencia renal. Esta patología, que puede ser aguda o crónica, se presenta por la acumulación en la sangre de los componentes de la orina, especialmente la urea, por fallas en la función renal. Las manifestaciones de la uremia en el enfermo son las náuseas, los vómitos, cierta confusión y agitación psicomotriz, junto con la alteración del ritmo respiratorio y un desagradable olor a orina en el aliento.

Éste no era, naturalmente, el caso de Yrigoyen, a quien en ningún momento su médico, el doctor Ernesto Meabe, le planteó la posibilidad de someterlo a un tratamiento de diálisis, que es obligatorio para los urémicos, a fin de no caer en coma.

La presunta uremia del Presidente dio motivo al ensañamiento del principal diario opositor, *La Fronda*, cuyo director era Francisco Uriburu. Este diario, escrito por especialistas en el brulote más despiadado, hasta llegó a ridiculizar al doctor Meabe, quien desde el año 1928 en adelante sólo fue mencionado como "Mea-bene", aludiendo a las funciones que cumplía para aliviar las dificultades urinarias del Presidente.

La intención de causar a Yrigoyen el mayor daño y sufrimiento posibles, y de cebarse en el Presidente como víctima de un humor pesado, encontró su cauce entre los jóvenes poetas cercanos a la redacción de *La Fronda*.

En 1930, una *Antología poética de La Fronda*, recogió doscientas páginas de versos a menudo injuriosos para el Presidente. El volumen circuló de mano en mano y según la tradicón oral fueron sus autores dos jóvenes que más tarde alcanzarían renombre entre los periodistas nacionalistas, Roberto de Laferrère y Lizardo Zía, aunque el panfleto fue firmado con los seudónimos "Vir y Santillana". Existe un ejemplar en la Biblioteca del Jockey Club, de donde he copiado lo siguiente:

INVOCACIÓN A LA UREMIA

> *Mi musa, que no es musa de Academia,*
> *quiere cantarte, bienhechora Uremia,*
> *para que apresures tu paso tardo*
> *y acabes de una vez con el cacique pardo,*
> *porque la situación apremia.*
> *Oye, pues, la voz del bardo*
> *Y no la tomes como blasfemia:*

mi musa no es la alcohólica de Nardo,
sino una musa patriótica y abstemia.
¡Oye mi invocación
y salva de una vez a la Nación!

***

Todo el mundo sabe
que tienes al cacique en tus redes,
que éste vive entre Meabe y no Meabe
y que tú nada cedes.
Puesto que tanto puedes,
¿por qué no haces un poco más?
¡No te quedes,
no te quedes atrás!
¡Sé una Uremia heroica, no te muestres chica!
¡Intoxica, intoxica
y nos libertarás!

***

Te estás portando mal, sin embargo,
porque esto parece que va para largo.
En lugar de proceder como la gente
y de terminar con tu cliente,
lo tienes postrado en letargo
y sometido a un sufrimiento intermitente.
Es ésa
una crueldad innecesaria
que no nos interesa,
digna de una Uremia literaria,
deliscuescente y aviesa...
Nosotros exigimos, ¡oh, libertadora!

menos dolor, más eficacia, más civismo.
¡Que escuches el anhelo de la hora
y que procedas hoy mismo
con decisión de ametralladora!

***

¡Basta de cronicidad
y un poco más de humanidad!
¡Sólo se te pide, Uremia,
que nos libres de una epidemia
que carcome nuestra sociedad!
¡Por primera vez en tu vida
serás universalmente bendecida,
si escuchas la invocación del bardo
y extirpas enseguida,
como si fuera un cardo,
al cacique pardo
en su guarida!

Mientras tanto, la revolución se va gestando. El 27 de agosto de 1930 sobrevuela un clima de inquietud. Hay reuniones del Presidente con sus ministros y con los generales Álvarez y Marcilese, jefes del 1ro y 2do comando militar. Hay custodia extra sobre la casa de Yrigoyen. El 28, Yrigoyen va a la Casa de Gobierno y cancela todas sus audiencias. Conferencia con altos jefes del Ejército. Por la tarde, son detenidos varios oficiales y jefes que van a parar al Regimiento 1ro, en Palermo. El diputado socialista Nicolás Repetto habla y acusa al gobierno de ser responsable de la posible escalada militar.

El 29 de agosto miles de afiches empapelan toda Buenos Aires. Comienzan diciendo: *"Advertencia Perentoria: La Renuncia*

Presidencial o la Guerra necesaria". Para terminar: *"Renuncie, señor; sea honrado como Rivadavia que resignó el mando cuando le faltó, como a Usted, la confianza de la República"*. Firmaba Manuel Carlés, un radical antipersonalista. Esa misma noche una manifestación radical da su apoyo al caudillo.

El sábado 30, con un ambiente muy pesado, Yrigoyen no va a la sede del gobierno. En la Exposición Rural, el ministro Juan B. Fleitas es recibido con una silbatina infernal que tiene gran repercusión.

El domingo 31 Yrigoyen amanece engripado. Tampoco concurre a su despacho.

El 1 de septiembre merodea un clima de agitación.

El 2 renuncia el ministro de Guerra, el general Dellepiane. Es una renuncia denuncia. Habla de *"pocos leales"* y de *"muchos intereses"* alrededor de Yrigoyen y previene sobre los que *"gozando de su confianza hacen que Vuestra Excelencia, de cuyos ideales y propósitos yo tengo la mejor opinión, sea presentado al juicio de sus conciudadanos en forma despectiva"*.

Los hechos se precipitan. El 3 de septiembre afloran protestas estudiantiles. Al mediodía, estudiantes yrigoyenistas manifiestan frente a la Facultad de Medicina. Por la tarde, otra facción de estudiantes hace lo mismo en la Plaza del Congreso pero para expresar su oposición al gobierno.

El 4 los rumores de revolución se multiplican. Se previene contra los peligros de la dictadura. *"La revolución nos arrojará varias décadas atrás"* señala, con verdadero don de anticipación, el jurista Alfredo Colmo en un artículo de *La Nación*.

Otra vez manifiestan estudiantes frente a la Casa de Gobierno que piden la salida del gobierno. El edecán presidencial, teniente coronel Gregorio Pomar sale a responderles: *"Esta casa no está desalquilada: aquí hay un gobierno que es el gobierno legal y que se va a hacer respetar"*.

El 5, Yrigoyen firma varios decretos. Entre ellos, uno por el que se nombra como Presidente de la Corte Suprema de Justicia al ex-presidente José Figueroa Alcorta.

Yrigoyen atraviesa una fuerte gripe. En su casa yace enfermo, y es visitado por varios de los miembros de su gobierno. Entre ellos, Elpidio González, que hace una gestión para tratar de que acepte la delegación del mando. Yrigoyen, en principio, se niega. Pero a las 17, acepta.

En conocimiento del hecho, el vicepresidente a cargo del Poder Ejecutivo decreta el Estado de Sitio.

El 6 de septiembre, finalmente, el gobierno cae. La asonada militar tiene ribetes tragicómicos. Las desesperadas maniobras del vicepresidente Martínez por escapar, la falta asombrosa de información que tenía el gobierno, la increíble escasez de tropas y de recursos de los insurgentes, daba la idea de una República decadente.

Mientras en la Casa Rosada las escenas parecían extraidas de un sainete y en la casa de Yrigoyen la situación es dramática. A las cinco y media de la tarde, el Presidente sale de su domicilio, muy arropado. La gripe no retrocede. Se dirige a La Plata. Allí lo recibe el gobernador Crovetto quien le cede su despacho y le reitera su lealtad. Pero para entonces ya todo está perdido. Luego de una negociación con las autoridades del Regimiento 7mo de infantería acepta dirigirse a sus instalaciones. Allí lo recibe su jefe, quien le confirma que ya ha dejado de ser el Presidente y que tiene órdenes de detenerlo. Yrigoyen firma entonces su renuncia. El jefe del Regimiento asume la responsabilidad de garantizarle su seguridad personal.

El 7 por la mañana llega la orden desde Buenos Aires de dejarlo libre. El drama de la hora es patético para Yrigoyen, quien, entonces, confiesa: *"Si me permiten, me quedo aquí. Estoy enfermo y no tengo adónde ir"*.

Durante esa dramática noche lo acompaña su médico personal, el doctor Meabe. La fiebre no baja. Mientras tanto, su casa de la calle Brasil es saqueada. Yrigoyen permanece en el regimiento hasta el 11 de septiembre. Por lo tanto, es ajeno totalmente al intento contrarrevolucionario que un grupo de radicales pretenden concretar el 8 de septiembre. Esa noche, el gobierno de Uriburu ordena que sea trasladado al Departamento Central de la Policía Federal, en Buenos Aires, pero la oficialidad del Regimiento 7ᵐᵒ desoye esa orden, en la seguridad de que Yrigoyen sería asesinado en el camino. A raíz de estos hechos, su sobrino, Luis Rodríguez Yrigoyen, le transmite una decisión del gobierno de facto: si hubiera un intento contrarrevolucionario del radicalismo, Yrigoyen sería fusilado.

El 10 de septiembre se le diagnostica una traqueobronquitis y un cuadro de depresión. El 11 es trasladado al acorazado Belgrano que suelta amarras y se fondea a cuatro millas de la rada de La Plata.

Yrigoyen permanece en el buque donde sufre mareos. El 26 sufre un ataque cardíaco. Es examinado por un médico de confianza que lleva su sobrino, el doctor Jorge Landa. Padece de episodios de incontinencia urinaria como consecuencia de problemas en su vejiga. Y está claro que se trata del problema de la *"uremia que tanto ha dado que hablar y sobre el que tanto lo han satirizado"*.

Habrá idas y vueltas de un buque a otro. Del Belgrano pasará al Buenos Aires y de éste otra vez al Belgrano para ser confinado, finalmente, a la isla Martín García. Allí estará hasta el fin del gobierno de facto.

De vuelta a la ciudad de Buenos Aires su vida sigue siendo agitada. Sus vías respiratorias le darán algún trabajo pero no serán un freno para su pasión: la política. En diciembre de 1932 una serie de atentados explosivos generan sobresalto. Otra vez las sospechas recaen sobre el radicalismo. Y otra vez van a buscarlo a Yrigoyen. Cuando las fuerzas de seguridad lo detienen en su casa para trasladarlo al aviso Golondrina, no calla su sentir: "*Quiero sólo hacer constar que soy el Presidente de la República y que, por lo tanto, no pueden sacarme de mi casa*". Lo mandarán otra vez a Martín García. Allí su enfermedad avanza sin freno. Padece una afonía severa. La causa: cáncer.

Los médicos que envía el gobierno le advierten al general Justo el riesgo político de que Yrigoyen muriera en prisión. Justo coincide con esta evaluación y decide traerlo a Buenos Aires.

Yrigoyen no se resigna a morir y acude a los servicios de exóticos curanderos. Es así, pues, que lo visitan un fraile capuchino que dice curar a los enfermos golpeando sobre la zonas afectadas con queso de diferentes formas y tamaños, y un japonés, ex militar, que aplica un método consistente en apoyar su cabeza sobre los lugares enfermos y aspirar el mal. Nada resulta.

Hacia fines de junio de 1933 el frío hace estremecer a Buenos Aires y provoca estragos sobre la salud de "el Peludo". Contrae una bronconeumonía y presiente que no podrá superarla.

El 30 se acerca a verlo Marcelo T. de Alvear. Los enconos de otrora quedan atrás. Yrigoyen lo recibe. Será la última vez en que conversen como viejos amigos.

Sus médicos personales, los doctores Buasso, Landa e Izzo lo ven tres veces al día. Completa la asistencia médica el oncólogo Ángel Roffo.

El lunes 3 de julio amanece frío y gris. Recibe la extremaunción a través de fray Álvaro Álvarez, sacerdote dominico. Monseñor Miguel De Andrea le impone la bendición papal. A las 5 de la tarde recobra la conciencia. Ante sus ojos abiertos quienes están al lado de su cama le hablan. Le preguntan cosas que él sólo atina a responder con algún movimiento de sus manos. Cuando sus ojos se vuelven a cerrar, todos sienten el final. La gente se agolpa frente a su casa. El silencio es conmovedor. Adentro, los familiares hacen pasar al dormitorio de Yrigoyen a Alvear, Pueyrredón, Amancio González Zimmermann, Délfor

Del Valle, Vicente Scarlatto, Fernando Betancour, Andrés Ferreyra, Joaquín Costa, Juan Fleitas, Ernesto Meabe, junto con Monseñor De Andrea y fray Álvarez. Cuando a las 7 y 20 de esa tarde, se abren las ventanas de la casa, la multitud comprende. Hipólito Yrigoyen, "el Peludo", el caudillo se ha ido.

Capítulo Cuatro

Roberto Ortiz
La profecía de María Luisa

Había llegado el día. El día tan ansiado. El día por el cual había jugado todo en su vida. El día soñado por todo político, habrá pensado. Allí, a las puertas de su casa, lo estaban esperando todos los ornamentos del protocolo del poder. Y hacia esa puerta se dirigió para comenzar a vivir su día más glorioso. Roberto Marcelino Ortiz era conducido por el auto oficial, con sus correspondientes escoltas, hacia el edificio del Congreso de la Nación para jurar como Presidente ante la Asamblea Legislativa. Llegó a las puertas del Congreso y esperó al Vicepresidente. A su compañero de fórmula. Alguien a quien conocía poco. Alguien por cuya designación poco y nada había hecho. Alguien distinto y distante de su pensamiento y de su estilo de vida. Alguien en quien se depositaban pocas expectativas. Ésa era la imagen que tenía de Ramón Castillo, un ex juez de Catamarca, al que por los caprichos del juego político se lo había designado como compañero de fórmula, de "la fórmula" que tenía asegurado su triunfo desde el vamos, en aquellos años de fraude e infamia. Seguramente nada turbaba el pensamiento y el estado de felicidad de Ortiz. Nada, en aquellas horas, le hacía imaginar el revés que a sus ilusiones iban a poner los avatares de un mal que lo aquejaba desde hacía muchos años y que se iba a cobrar los desarreglos de la política: la diabetes.

Jaime Gerardo Roberto Marcelino Ortiz y Lizardi nació en la ciudad de Buenos Aires el 24 de septiembre de 1886. Era sietemesino. Las fotos de la infancia ya lo muestran corpulento y obeso. Después de cursar la escuela primaria en el Colegio Rollin y la secundaria en el Instituto Libre de Segunda Enseñanza, ingresa en la Universidad, en 1903. Su vocación lo lleva a estudiar Medicina, carrera de la cual cursa dos años. Llega a ser practicante del Instituto de Vacunación Jenner. Producto de la clausura de la Universidad, en 1905, y para no perder tiempo, decide cambiar de carrera y anotarse en Derecho. No fue un gran estudiante aunque puso esmero en la tarea. Es durante sus años de estudiante universitario que Ortiz descubre la política. A su ingreso a Medicina toma contacto con el Comité Universitario Radical. Éstos eran los años de la gesta del radicalismo. Participa pues de los hechos revolucionarios de 1905.

Se recibe de abogado en 1909 y comienza a trabajar, casi de inmediato, en el Ferrocarril Pacífico al cual renuncia cuando es elegido diputado.

Se casó con María Luisa Iribarne, emparentada en forma lejana con Juan Manuel de Rosas. Tendrán tres hijos y otros cuatro van a fallecer a su nacimiento. María Luisa compartía muchas cosas con su esposo. Entre ellas, su enfermedad: la diabetes.

Su carrera política muestra una marcha ascendente ininterrumpida. Electo concejal va a integrar el Concejo Deliberante de la ciudad de Buenos Aires a los 32 años. No termina su mandato en 1922 porque es elegido diputado en 1920. Éste fue el tiempo que marca el gran cambio en su carrera política ya que a partir de esta elección comienza a encaramarse en los lugares de la alta dirigencia. Sus colegas de recinto lo recuerdan como un buen legislador. Termina su período en 1924 y, ya con Marcelo T. de Alvear en la presidencia, es designado con un puesto *ad honorem* en la Comisión de Casas Baratas. A esto le sigue el nombramiento como administrador general de Impuestos Internos y finalmente, en febrero de 1925, el de ministro de Obras Públicas. Estuvo en la función hasta el fin del mandato de Alvear. Fueron tres años y medio de una gestión cómoda cuando la prosperidad de las arcas públicas de aquella Argentina rica le permitió hacer mucha obra.

El listado de las obras impresiona. Los trabajos de complemento del puerto de la ciudad de Buenos Aires, el reacondicionamiento de los puertos de Mar del Plata, Quequén, Puerto Deseado, Comodoro Rivadavia y Bahía Blanca. Instalaciones de agua potable en la Capital Federal. Obras de irrigación en Río Negro, los diques Las Maderas, Los Sauces, San Carlos, Potrero de los Funes y Río Tercero. Las líneas ferroviarias de Córdoba a La Fortaleza, de Formosa a Embarcación, de Barranqueras a Metán y de San Juan a Jáchal. Los puentes entre Viedma y Carmen de Patagones, Santiago y La Banda y el Palacio de Correos son algunas de las muchas obras públicas gestionadas por Ortiz en ese período de vacas gordas.

Claro que la vida de Ortiz no tenía como única pasión sólo la política. Había otra: la comida. Las narraciones referentes a sus proezas gastronómicas son casi legendarias. Y así pasaba de las bombas de chocolate en un restaurante de Retiro, en donde se llegaba a comer hasta una docena por vez, hasta los copetines con canapés y sandwiches en su casa a la salida del ministerio, en la época de Alvear. Era habitué de los restaurantes del Jockey Club, del Conte y de Harrod's. En su vida, la política y la comida iban juntas. Y sería la gula el pecado capital que acabara no sólo con su presidencia sino también con su vida, minada por la diabetes.

La diabetes mellitus es una enfermedad en la cual hay una alteración del metabolismo de los hidratos de carbono producida por un defecto en la producción de insulina. Desde un punto de vista fisiológico, cuando una persona come, los diversos componentes de los alimentos que ingiere llegan al intestino en donde son absorbidos para llegar a la sangre y ser distribuidos en los distintos tejidos y órganos del cuerpo humano. En el caso de la glucosa, una vez que está en la sangre necesita de la insulina para que los tejidos la puedan incorporar a sus células. La insulina es una hormona segregada por las células beta del páncreas. Si la insulina no está, la glucosa sigue circulando por la sangre pero no puede ser absorbida por los tejidos. Y sin glucosa el funcionamiento de las células se ve severamente afectado.

Existen básicamente dos tipos de diabetes: la diabetes del tipo I y la del tipo II. La diabetes tipo I se caracteriza por una falta total de producción de insulina. En la del tipo II hay producción de insulina pero en cantidad insuficiente para satisfacer las demandas metabólicas del organismo. Como consecuencia de esta falta de insulina hay un aumento de los niveles de glucosa en la sangre. Esto es lo que se llama hiperglucemia. El nivel normal de la glucemia —glucosa en sangre— es de entre 70 y 110 miligramos por 100 mililitros. A partir de los 110 se está en hiperglucemia. Y cuando esa hiperglucemia supera los 180 miligramos por cada 100 mililitros de sangre, la glucosa comienza a filtrarse a través de los riñones y aparece en la orina. Esto es lo que se llama glucosuria, uno de cuyos efectos es un aumento de la diuresis. El paciente orina más.

Los primeros síntomas de la enfermedad están directamente producidos por estos dos hechos. Al no entrar la glucosa en los tejidos el paciente siente más apetito —polifagia— y al perder líquido por el aumento de la diuresis, tiene sed —polidipsia—.

Si bien puede haber un episodio agudo, el comienzo de la enfermedad suele ser insidioso y paulatino. Es una enfermedad crónica y que, en el caso de no estar adecuadamente controlada, tiene efectos devastadores en todo el cuerpo humano. Una de las derivaciones de la diabetes es la alteración del metabolismo de las grasas. Por lo tanto, el enfermo tiene una predisposición para sufrir enfermedades vasculares por arteroesclerosis. Y las alteraciones vasculares pueden darse a nivel de cualquier órgano. Las complicaciones son varias. Entre las más comunes se hallan el infarto agudo de miocardio que puede cursar sin dolor, la hipertensión arterial y la insuficiencia cardíaca; neuropatías centrales y periféricas y accidentes cerebrovasculares; la nefropatía diabética con una de sus variantes que es el síndrome de Kimmestiel-Wilson; prurito e infecciones a nivel de la piel; el pie diabético y la retinopatía diabética.

La disciplina del paciente es fundamental para el éxito del tratamiento. El régimen de comidas y bebidas así como también su distribución horaria y el tipo de vida que éste lleva son de tremenda importancia terapéutica. El stress y el desorden en los hábitos higiénico-dietéticos conspiran contra un buen manejo y una buena evolución de esta afección.

Entre las complicaciones agudas cabe citar la cetoacidosis diabética secuente al déficit del metabolismo graso que ocasiona un cuadro de náuseas, anorexia, vómitos, dolor abdominal, alteraciones de la conciencia y, en el final, un cuadro de coma. También son complicaciones agudas el coma hiperglucémico y el coma hipoglucémico.

La diabetes se le diagnostica a Ortiz durante la etapa en que era ministro de Alvear. Es altamente probable que haya habido un período prediabético del cual él no se dio por enterado. No hay datos sobre sus antecedentes familiares. La herencia es un factor importante en la génesis de la enfermedad. El tipo de vida que llevaba Ortiz y su gula —"muy comilón" fue como lo definió uno de sus amigos más cercanos consultado por Félix Luna— podría haber actuado como factor desencadenante. Lo cierto es que cuando se declara su enfermedad ya existía la insulina producida por laboratorios farmacéuticos. Se la comercializaba desde el año 1922. Ortiz creía que con la insulina bastaba para controlar su mal y que eso le permitía seguir con sus desarreglos. Ése fue un error letal.

Ya en 1936 aparece una complicación severa con un cuadro al que se interpretó como de pie diabético. En plena campaña sufre algunos desmayos —probables episodios cerebrovasculares o metabólicos—. Estos episodios de descontrol obligan a tomar medidas ya que también se presentan las primeras complicaciones renales y visuales. Debe dejar el tabaco y el alcohol y someterse a un régimen de control más severo. Es por eso que se llama en consulta al médico Pedro Escudero, el especialista de mayor renombre en el país. Es un hombre de conducta severa y se cree que su personalidad es ideal para manejar a un paciente indisciplinado. Esta indisciplina de Ortiz tendría consecuencias médicas y políticas devastadoras.

Lanzado el nombre de Ortiz en su calidad de candidato puesto a dedo por el general Agustín P. Justo, había que encontrar un compañero de fórmula que representara al conservadorismo. Hay que recordar que la Concordancia —la agrupación política que estaba en el gobierno y que postulaba a Ortiz— estaba formada por una confluencia de radicales y conservadores. Ortiz era el representante del ala radical. Faltaba el ala conservadora. Los problemas de salud de Ortiz eran del conocimiento de Justo quien quería armar una fórmula que le asegurara su vuelta al poder después de cumplido el mandato del período 1938-1944. Justo quería ser otro Roca. Sobre la lealtad de Ortiz para respetar esta voluntad, no tenía dudas. Pero el problema era que si Ortiz enfermaba y debía dejar el poder, su vicepresidente debía ser un hombre de poca monta política y sin vuelo propio. Un vuelo propio que lo llevase a desobedecer ese deseo de Justo. Por eso surgió la figura de Ramón Castillo, un

ex juez de escaso peso político representante del conservadorismo de Catamarca. Ortiz hubiera querido a Miguel Ángel Cárcano como vice. *"Habría sido todo tan diferente si Cárcano hubiera sido el vicepresidente"*, manifestó alguna vez Luis Barberis,
ministro de Obras Públicas de Ortiz, citado por Luna.

La campaña fue agotadora, como todas las campañas políticas. Y si algo abunda en las campañas es el desorden. Y eso tampoco falta en ésta. Pocas horas de sueño, gran desgaste físico y comidas a deshoras y poco sanas. Para un diabético como Ortiz era
lo peor que le podía pasar. Cuando el 25 de noviembre de 1937
el Colegio Electoral lo consagra Presidente, el tema de su salud,
claramente deteriorada, se transforma en una cuestión de Estado.
El 13 de octubre había sido sometido a un examen ocular que le
realizó el doctor Esteban Adrogué. A finales de ese mes aparece
una afección muy severa de la piel que motiva un llamado en
consulta al doctor Guillermo Basombrio, dermatólogo, que le indica un estricto plan de curaciones. Como consecuencia de esta
infección cutánea sobreviene una complicación renal —una nefritis aguda— que deriva en un cuadro agudo de insuficiencia renal moderada que retrocede luego de un tratamiento muy rigu-
roso. Todo esto hace que se recurra a la máxima autoridad médica en el campo de la nutrición que había en el país: el doctor Escudero, hombre de personalidad difícil, se hizo cargo del paciente a partir del 27 de diciembre de 1937.

Según narra la dietóloga Elena Mussmano, los regímenes de
Ortiz se elaboraban en el Instituto de Nutrición que, a pedido
de Escudero, fue creado por el mismo Ortiz a fines de diciembre de 1937. Estos regímenes se confeccionaban a nombre del
"Doctor Martínez". "En diciembre de 1937 el régimen consta-
ba de 2.700 calorías; nada de sal por el riñón, poca agua de be-
bida y un litro de leche. El 4 de enero el régimen sube a 3.400
calorías; se supone que estaba mejor. En este momento debe haber tenido una afección renal bastante grave porque la cantidad

de proteínas fue disminuida a 40 gramos", registra Luna en su completa biografía de Ortiz.

El tránsito de Ortiz por el poder comenzó siendo problemático. Costó mucho armar el gabinete. La Concordancia era una alianza de partidos y esta heterogeneidad, como la Argentina lo comprobaría nuevamente sesenta años después, generaba muchas tensiones. ¿Cómo mantener el equilibrio? ¿Cómo satisfacer a todos? Sobre todo porque Ortiz llegaba con un gran anhelo. Su presidencia era producto del fraude y la manipulación. Y él quería terminar con ambos vicios. Para ello hacía falta una gran voluntad política y, para esos fines, la salud debía acompañarlo. A Ortiz, la voluntad política le sobraba. La salud, no.

Quince días después de asumir la presidencia, se produjo el primer test político para el flamante mandatario. Había elecciones para diputados en trece de las catorce provincias y en la Capital Federal. La sombra del fraude estaba al acecho. Y el Presidente no quería consentirlo. El fraude fue feroz en Santa Fe, Mendoza y Buenos Aires. En La Rioja hubo voto cantado. En Corrientes y Catamarca surgió la abstención del radicalismo. Pero el colmo se vivió en San Juan, en donde hubo apaleamientos, detenciones de unos cien fiscales de mesa del radicalismo y del bloquismo. Ortiz quiso tomar este caso como emblemático y, una semana después de los hechos, dispuso la intervención de la provincia. Fue un golpe muy fuerte para el general Justo, quien pensaba que Ortiz sería su títere. Algo empezaba a cambiar en la política nacional.

De todas maneras, la vida era placentera para el nuevo inquilino de la Casa Rosada. La rutina del Presidente tenía ritmo de siesta de provincia. Se acostaba y se despertaba temprano. Permanecía en la cama hasta el mediodía. Luego del almuerzo, iba a la Casa de Gobierno a donde llegaba a las tres y media de la tarde, salvo los lunes en que llegaba antes, a las dos. La situación del país era cómoda. El peso se había revaluado —el dólar estaba a 3.80— y se levantaban grandes obras públicas: la construcción de la avenida General Paz y la ruta a Mar del Plata avanzaban con rapidez. River inauguraba el Monumental.

La realidad política obligaba al Presidente a una vida social intensa. Llegaban visitas de cancilleres de países europeos que venían a mostrar su preocupación por lo que estaba aconteciendo en el Viejo Mundo. Se avizoraba ya la guerra. Por otra parte, sesionaba en Buenos Aires el Colegio Arbitral que tenía la finalidad de mediar en el conflicto del Chaco y que concluiría con los acuerdos que sentarían las bases para la paz entre el Paraguay y Bolivia. Los banquetes a los que debía ir el Presidente abundaban. Y aquí había otro problema. *"En los banquetes había que disimular la comida del doctor Ortiz para que pareciera que comía de todo. Una vez, en la que se agasajó a unos diplomáticos con un paseo en el yate 'Tequara', yo sustituí el caviar bolitas por bolitas de tapioca hervida en tinta de calamares"*, narra el cocinero presidencial Bruno Calafel, citado por Félix Luna.

De todas maneras, Escudero muchas veces se malhumoraba por las trasgresiones que su paciente, el Presidente, cometía contra las reglas que él le imponía. En 1938-1939 se producen episodios de salud menores. Sus médicos se preocupan. En febrero de 1938 se cancela un viaje a Mar del Plata para revistar la flota, debido a *"una leve irritación de garganta"*. No asiste al Congreso el 1 de mayo para leer el discurso de apertura de las sesiones ordinarias debido a una afección gripal y, en los días anteriores al comienzo de la segunda guerra mundial, no concurre al despacho por un resfrío. Lo más grave ocurre en septiembre de 1939, en que aparece un cuadro de ictericia y uremia debido a una trasgresión alimenticia severa.

Durante ese año, 1939, Ortiz continúa con su propósito de desterrar el fraude del mapa político de la Argentina. Era su sueño. Estaba convencido de que ése debía ser su legado para la construcción de la Argentina. Y para eso trabaja con el apoyo del radicalismo y su principal figura de entonces: Marcelo T. de Alvear. Alvear sabía que sería el beneficiado directo de esta acción ya que un proceso electoral sin fraude aseguraba el triunfo del radicalismo. Y en el radicalismo el liderazgo de Alvear era indiscutible.

En 1939 se produce la anulación de las elecciones en San Juan y la intervención a Catamarca. Éste fue un verdadero mandoble para el conservadorismo y para el vicepresidente. Se llega así a 1940, año que sería crucial para la suerte de Ortiz. Año que comienza radiante de ilusiones después de dar el gran golpe político: la intervención de la provincia de Buenos Aires, tras las escandalosas elecciones de marzo. La provincia de Buenos Aires era un baluarte de los popes del conservadorismo, Alberto Barceló y Manuel Fresco, y por supuesto que, como lo ha seguido siendo en la historia argentina, la política que ahí se hacía repercutía fuertemente en el resto del país. Terminar con ese feudo de Barceló y Fresco parecía un imposible. Ortiz lo logra. Se sentía lleno de ímpetu para demoler a los personeros del fraude. Nombra a Octavio Amadeo como interventor federal. Hasta marzo todo anda bien. Pero, a partir de ahí, tres hechos habrán de sacudir la vida de Ortiz dañando su salud corporal y política.

El primero de ellos es la súbita muerte de su mujer, María Luisa. María Luisa también era diabética y era un sostén fundamental en la vida del Presidente. La primera dama sufre un desmayo en Mar del Plata. Al caer golpea fuertemente la cabeza contra el suelo. Vuelve a Buenos Aires mal y cae en un coma profundo del cual no despierta más.

María Luisa significaba mucho para Ortiz a quien cuidaba con devoción, sobre todo en su enfermedad. Había sido ella la primera en medir las consecuencias que el poder tendría sobre la salud de la pareja. El día que Ortiz aceptó la candidatura presidencial, su comentario fue sombrío aunque profético: *"Has* *hecho mal, Roberto, en aceptar esto, la presidencia nos matará a los dos"*, según el historiador Gabriel Chivico.*

El segundo episodio adverso para el Presidente, tuvo que ver con la investigación originada en el Congreso, a propósito de la ventas de tierras de El Palomar para la construcción del Colegio Militar. Éste fue un negociado que dio mucho que hablar en aquella época. Los conservadores de Buenos Aires, desesperados por vengar la intervención de la provincia, vieron aquí la oportunidad de minar la fortaleza del gobierno nacional. Uno de los acusados por esta ilícito era el general Rodolfo Márquez, ministro de Guerra de Ortiz. El escándalo le provocó al gobierno un gran problema político.

Finalmente, el tercer golpe para Ortiz fue causado por su salud la que, en junio de 1940, se ve claramente deteriorada. La agenda de actividades muestra que el Presidente no concurre a su despacho ni el 14 ni el 18 de junio. El 20 de junio tiene que encabezar el acto del Día de la Bandera en la Plaza de Mayo. El tiempo es espantoso. La ceremonia se aplaza para el 22. Es un día de mucho frío. Los discursos son largos. Al Presidente se lo ve mal. Vuelve a la residencia de la calle Suipacha —en donde vivían entonces los presidentes— afiebrado. No sabe que nunca más habrá de pisar la Casa Rosada.

Aquí comienza el verdadero calvario de Ortiz. El cuadro gripal le acarrea una disfunción renal que hace que el doctor Escudero le aconseje guardar reposo y no viajar a Tucumán a presidir los actos conmemorativos del 9 de Julio. El 3 de julio Escudero lo examina y dictamina que debe delegar el mando. Según Escudero, ya allí Ortiz está prácticamente ciego. La complicación renal desencadena un desprendimiento de retina en el ojo

---

* Gabriel Chivico, *Las primeras damas de la historia argentina de 1826 a 1952*, Dunken, 2005.

izquierdo. Del derecho la visión ya era nula. El 4 de julio se presenta el primer parte médico oficial sobre la salud presidencial. Como es norma, está plagado de falsedades. Expresa: *"A raíz de un enfriamiento se ha establecido un empuje agudo (sic) sobre una lesión renal crónica. Para no malograr la mejoría por el tratamiento instituido y llegar a una curación definitiva, se impone un reposo físico y mental absoluto, por un tiempo prudencial".*

Aquí se manifiesta una primera disidencia entre los doctores Escudero y Esteban Adrogué, el primer oftalmólogo del Presidente. Para Adrogué el Presidente ya no ve. No es lo que dice Escudero, quien acusa a Adrogué de asustarse ante el cuadro del enfermo y renunciar a seguir brindándole atención, hecho que Adrogué niega. Lo cierto es que, polémica al margen, Adrogué aduce razones personales para no seguir atendiendo al enfermo. Se hace cargo, entonces, el oftalmólogo Raúl Argañaraz quien, al examinarlo, encuentra el ojo izquierdo con una visión casi nula, debido a la presencia de exudados hemorrágicos en el fondo de ojo y un cuerpo vítreo turbio que imposibilitaba visualizar la retina. La escena política del país se traslada a la calle Suipacha. Castillo es el vicepresidente a cargo del Poder Ejecutivo. Nadie sabe por cuánto tiempo durará esta situación. Él tampoco.

La casa del Presidente se transforma en un verdadero centro de reunión para los popes políticos del momento. Ortiz está muy conciente de todo. Se distrae escuchando radio. Uno de sus programas favoritos es el de Niní Marshall junto a Juan Carlos Thorry.

El clima político le es adverso. El 19 de agosto comienza su trabajo la comisión investigadora que se encargará del escándalo de la venta de tierras en El Palomar. En apariencia, se juega el destino del ministro de Guerra, general Márquez. Aunque Ortiz comprende que, en realidad, el que está en tela de juicio es él. Se juega, pues, al todo o nada. En ese momento decide enviar su renuncia al Congreso. El día 22 de agosto, tras una serie incesante de gestiones, idas y venidas, Ortiz hace llegar al

Congreso su renuncia. Lleva su firma, dibujada trabajosamente después de ensayar mucho y utilizar unos anteojos especiales que, con ayuda de luz actínica que arroja una luz hiperclara sobre las hojas escritas a máquina, le permitieron a Ortiz vislumbrar el fin del texto y firmar.

El Presidente trabaja, además, intensamente, para frenar un golpe de Estado que se estaba gestando en Campo de Mayo. A la cabeza de esta intentona se encuentran algunos oficiales que no querían a Castillo y que deseaban reponer en el poder a Ortiz. Logra parar esta maniobra y posteriormente sale airoso de su trance en el Congreso. Su renuncia se rechaza. Sin embargo, las cosas continúan mal.

El Presidente ejerce el gobierno desde las sombras. Ahí está Castillo que no comparte casi ninguno de los ideales de Ortiz. Como resultado, el vicepresidente se va envolviendo en un aislamiento que afecta la actividad del Ejecutivo. La situación de indefinición institucional se agrava. El 11 de febrero de 1941, Ortiz produce una definición política contundente y da a conocer su manifiesto. Su contenido es claro: *"Por lo que resulta de sus términos, el manifiesto tiene dos objetivos principales: declinar toda responsabilidad en los hechos de gobierno y en las orientaciones políticas que pueden haber malogrado la labor de magistrado y de demócrata del funcionario que lo firma y hacer un llamamiento a la concordia política y a la fe republicana, para que se desista de todo intento de ganar o conservar posiciones por el fraude comicial o por la violencia"*.

Sostiene el Presidente en su manifiesto que *"fue uno de los propósitos del plan a desarrollar hacer respetar la Constitución y restaurar, en todo el ámbito del país, las garantías y derechos que las leyes acuerden al ciudadano"*, para agregar en otro párrafo que *"sus intentos de normalidad institucional fueron secundados, entre otros, por los gobiernos de las provincias de Santa Fe y Mendoza"*. *"Y sin otra razón perceptible —añade— que las posibilidades que sugiere la delegación del mando presidencial, se cambian el ambiente y la orientación política. Se da un paso atrás y se rompe sin miramientos la continuidad de una obra de pacificación en que habían coincidido el Presidente y los gobiernos de provincia. Y así se traza, definitivamente, una línea divisoria que destaca los contrastes de lo que debiera ser la expresión de la política iniciada por la fórmula que me cupo el honor de encabezar en 1938.* " La acusación directa al vicepresidente es evidente. Y Castillo, que así lo entiende, no demora en dar su respuesta. En acuerdo con los senadores conservadores Santamarina, Arrieta, Arancibia Rodríguez y Castro, se acuerda en que este último presente el proyecto de la creación de una comisión investigadora para evaluar el estado de salud del Presidente. Se abre así un duro y, por momentos, increíble debate en el cual el tema de la salud del Presidente, como cuestión de Estado, entra en un laberinto de interpretaciones y definiciones médicas que dejan a Ortiz en una situación de gran endeblez.

Lo que se discute es el tipo de incapacidad del Presidente y lo que podría pasar si éste, a pesar de su incapacidad, intentara retomar su mando. Los argumentos en contra de las intenciones de la Comisión son expuestos por los defensores de Ortiz en forma impecable. Uno de ellos, el diputado Juan I. Cooke, expresa que *"el doctor Ortiz, al sentirse enfermo, llamó al vicepresidente y le delegó el mando. No necesitó pedir licencia porque no se ausentó de la Capital. Llenado ese acto de la delegación, no hay caso constitucional. El Presidente de la República continúa siendo presidente. No ejerce las atribuciones y facultades que son la prerrogativa indiscutible de su alta investidura, porque a causa de la delegación ha entrado a ejercerlas el vicepresidente, pero conserva en potencia su facilidad de retomar el gobierno, desaparecida la causa de la inhabilidad".* Para dejar claramente sentada la intencionalidad política partidaria de esta comisión agrega: *"Finalmente, si el señor Presidente de la República en su manifiesto, en vez de condenar y castigar duramente el fraude, hubiera manifestado su solidaridad con los gobiernos que realizaron el fraude en Santa Fe y en Mendoza y con esta política de abstinencia, de manos libres, del actual Poder Ejecutivo ¿habría alguien planteado el caso institucional en el Senado?".*

La Comisión está dispuesta, a pesar de estos argumentos, a avanzar. Y suceden hechos increíbles. El doctor López Lacarrere, destacado oftalmólogo argentino, es citado por la Comisión Especial. López Lacarrere, que se encontraba en el exterior, decide, en cumplimiento de la ley, retornar de inmediato a Buenos Aires. En su presentación ante el Senado contesta todas la preguntas sobre las complicaciones oculares de la diabetes pero, amparado en el secreto médico, se niega a hablar sobre su paciente, el Presidente. Ortiz lo releva de ello a pesar de lo cual, López Lacarrere se rehusa a hacerlo. El Senado considera que su decisión de ampararse en el secreto profesional, para no hablar de la salud del presidente, implica un delito de desacato y ordena su detención hasta que hable. El hecho, insólito y autoritario, le hace a López Lacarrere decir, en abierto desafío ante la barbarie de la medida, que lo habían condenado a cadena perpetua.

El nivel del debate asume, en muchos momentos, características desopilantes.

El senador Arrieta, ingeniero agrónomo, dice: *"Señor profesor: me perdonará que lo moleste un poco más todavía. Yo, en base a las informaciones que tuvo a bien suministrarnos, he preparado una síntesis de lo que podría denominar el caso clínico médico del doctor Ortiz y si fuera usted tan amable para escucharme y observarme si hay alguna cosa que no ha sido captada o interpretada bien, se lo agradeceré.*

"Yo he resumido el caso así: antigua diabetes. Nefritis crónica. Hipertensión arterial permanente. Retinopatía arterial hipertensiva a curso lento. En julio de 1940, brote agudo de glomérulo-nefritis,

acompañada de hemorragias retinianas y del vítreo, retinitis prolife-
rante; extensos desprendimientos de retina; retina en estado degene-
rativo acentuado; visión casi nula, prácticamente perdida hasta hoy;
desde hace cinco meses estado general en buenas condiciones de com-
pensación, por parte de la diabetes nefritis e hipertensión."

El profesor Argañaraz, con paciencia y habilidad le contesta
al senador: *"Ese diagnóstico de retinosis y de degeneración retinia-*
na, es discutible. Yo he sostenido, señores senadores, por eso, que si
este caso se lleva a una academia de oftalmología, donde haya ocu-
listas solamente, daría motivo a una discusión que duraría muchos
días y posiblemente no se pondrían de acuerdo. Yo no estoy de
acuerdo, señores senadores, con la degeneración de la retina, porque
degeneración quiere decir destrucción, quiere decir muerte, y en el
caso que consideramos, no hay degeneración de la retina; hay par-
tes que están alteradas. Se trata de un proceso retiniano crónico,
aunque la cuestión de la retinopatía es una cosa elástica; quiere de-
cir enfermedad de la retina. De manera que es un poco difícil po-
der estar de acuerdo con ese diagnóstico, señores senadores. Yo no lo
estoy en absoluto. Ahora, en lo que respecta al estado general del en-
fermo, eso ya es resorte del clínico, aunque puedo decir que no le
tengo miedo a la diabetes, pues no creo que pueda producir ningu-
na alteración, de manera que si se le adjudica a la diabetes la le-
sión del ojo, yo niego que sea así". Pero Argañaraz sabe que esto
último no es cierto. La retinopatía es una de las complicaciones
más temibles de la diabetes.

El debate llega a su fin. La presentación del senador socialista Alfredo Palacios, brillante, constituye una pieza histórica en
relación a las consideraciones que se hacen respecto de la salud
presidencial como tema de Estado. A fines de abril la Comisión
se expide diciendo que Ortiz no tenía una enfermedad irreversible. Médicamente, la conclusión era errónea. *"El balance de*
la investigación del Senado deja un saldo perdedor para el cuer-
po" —dice *La Nación* del 1 de mayo. Según *La Prensa* del 2 de

mayo de 1941, "*si para algo ha servido el proceso del Senado, es para documentar, a la luz de los hechos, que no fueron institucionales los móviles que lo determinaron*".

El mundo está en guerra. Tras el ataque a Pearl Harbor, en diciembre del 1941, los Estados Unidos entran en la contienda. La guerra trae dificultades para la vida económica del país. Se afecta el comercio internacional. Faltan productos que llegaban desde Europa. En el país comienza a notarse una tendencia de la opinión pública inclinándose hacia los aliados, desplazando así las posiciones más favorables al Eje nazi-fascista, que se van replegando a pesar de contar con referentes sociales, políticos y militares.

En este contexto se produce un intento de golpe de Estado por parte de los sectores más nacionalistas y pro-Eje de los grupos militares. Entre el 20 y el 23 de septiembre se movilizan tropas para neutralizar a aquellos sectores bajo sospecha. Se encarcelan a varios oficiales. Al general Justo le cabe un papel preponderante para frenar el golpe. La reacción de Castillo es de una pasividad pasmosa.

La vida de Ortiz transcurre a la espera de definir la posibilidad de la mejoría o la cura de su afección visual. ¡Si hubiera tan sólo la posibilidad de mejorar en un 30 o en un 40 por ciento la visión de uno solo de sus ojos, las cosas cambiarían radicalmente! La vuelta al poder sería un hecho. Y allí estaría su férrea voluntad de siempre para seguir adelante con las reformas políticas que pensaba implementar a fin de adecentar el sistema institucional y político de nuestro país. Esto lo sabían todos y, principalmente, los radicales. Las visitas de Alvear a la residencia presidencial de la calle Suipacha eran muy frecuentes. Alvear era "el hombre" para el período posterior a Ortiz. Pero eso era hablar de 1944. Y, para que se llegara a concretar ese objetivo, era fundamental que el Presidente recobrara la vista.

Es ahí cuando reaparece la esperanza. La trae un cable desde Washington. Informa que el profesor Ramón Castroviejo, una de las luminarias de la oftalmología a nivel mundial, había aceptado el pedido de viajar a Buenos Aires para asistir al enfermo y, fundamentalmente, evaluar la posibilidad de una intervención quirúrgica que devolviera algo de luz a aquellos ojos sin brillo de Ortiz. No había sido fácil convencer a Castroviejo para que aceptase esa difícil tarea. Mucho había tenido que ver la gestión del presidente Franklin Delano Roosevelt. Roosevelt tenía verdadera simpatía por el presidente argentino. Sabía que era una presencia política conveniente para ese momento del mundo en el cual los Estados Unidos estaban encabezando la coalición aliada que se enfrentaba al Eje. La presencia de Ortiz significaba una barrera para cualquier intento de avance de los sectores nazifascistas que había en nuestro país. Pero, además, Roosevelt conocía el impacto político de una enfermedad. Su parálisis estuvo a punto de dejarlo fuera de carrera en más de una oportunidad como puede leerse en otro capítulo de este libro. Fue él quien indujo a Castroviejo a hacer ese viaje de cuya conveniencia no estaba muy convencido. Y esto hubo que planearlo con mucho detalle. Fue así como, para ocultar la verdadera razón de la llegada de Castroviejo al país, se dijo que venía con la intención de promover la revista médica *Anales de Clínica*. Era necesario bajarle el impacto público a esta visita llena de un contenido dramático en la que estaba en juego la salud visual y política del presidente argentino.

Ortiz recibe la noticia estando en Mar del Plata y esto genera en él y en su familia un júbilo casi incontenible. Era la tabla de salvación. Era casi como volver a vivir. Nadie quiere, siquiera, pensar en otra cosa que la curación. Y nadie imagina el ámbito de intrigas en el cual deberá moverse Castroviejo.

Castroviejo arriba al aeropopuerto de Morón el 11 de mayo de 1942. Simultáneamente, y por correo diplomático, llega desde los Estados Unidos un equipo de diatermia encargado por el profesor español. Ese mismo día Ortiz visita la parroquia de Santa Lucía a quien acude a rogar por la suerte de sus ojos.

La estadía de Castroviejo empieza mal. Los médicos de Ortiz se enteran de su presencia por los medios de comunicación. No hay buena química entre él y los colegas locales.

Luego de una serie de reuniones y de contactos con los doctores Urreta Zavalía, en Córdoba, y Weskamp en Rosario, se reúne con el doctor Escudero en el Instituto de la Nutrición el 26 de mayo.

El clima entre ellos es incómodo. Así, se llega al día D. Es el 18 de junio. La junta médica se reúne en la residencia presidencial. Todo es expectativa. Hay mucha tensión. Asisten los doctores Castroviejo, Escudero, Argañaraz, Etchepareborda, Malbrán y Natale. De la reunión hay versiones varias. Castroviejo plantea la posibilidad de una operación con el objetivo de lograr una leve mejoría de la visión de Ortiz. Casi todos los médicos argentinos —a excepción del doctor Malbrán— se oponen a ello. El clima hacia el oftalmólogo español es hostil. Los médicos argentinos toman su participación en el caso como una actitud de menoscabo hacia su autoridad científica. Castroviejo se da cuenta de ello y, en consecuencia, declina hacer cualquier intento. Los cables de la embajada de los Estados Unidos reflejan esa situación, mediante la siguiente cronología:

23 de mayo: Se informa al Departamento de Estado que en quince días Castroviejo decidirá si opera o no.

6 de junio: Se comunica que Ortiz respondió al tratamiento ordenado por Castroviejo quien, aunque juzga que las chances del paciente de recuperar algo de visión son escasas, se puede considerar la posibilidad de operarlo teniendo en cuenta que, de cualquier manera, lo peor que podría suceder es que el Presidente quedara ciego, tal como lo estaba en ese momento. Se consigna, además, que los médicos argentinos están disgustados porque Castroviejo vio al paciente sin consultarlos. El oftalmólogo, doctor Argañaraz, cree que la operación será en vano.

16 de junio: Este cable, dos días antes de la junta médica en la residencia presidencial, hace constar que Castroviejo ha cambiado de opinión y que ya recomienda la operación.

17 de junio: Castroviejo realiza análisis que demuestran que el Presidente tiene un estado de mayor deterioro general que el que se le había dicho. Se le hace saber de un ataque cardíaco, un infarto, que Ortiz había sufrido el 4 de mayo del cual no se le había notificado. El texto dice que el paciente también desconocía esto. Aquí el embajador Armour da una opinión del por qué de esta circunstancia. Habla de celos u otras razones que han hecho que los médicos argentinos usaran "una deliberada mala fe". Se dice que Castroviejo está muy contrariado por toda esta situación y que dejará el país el día posterior al de la realización de la junta médica.

Castroviejo recordó, muchos años después, ese momento: "*Durante mi permanencia en Buenos Aires tuve que examinar al doctor Ortiz muchas veces y saqué la impresión de que era un hombre excepcionalmente bueno y capaz políticamente, si hubiera tenido buena salud. Cuando por desgracia tuve que anunciarle que su enfermedad ocular no tenía posibilidad de mejoría, él lo tomó con mucha entereza y siempre me acordaré de aquella escena, cuando él y toda su familia estuvieron conmigo, en aquella triste ocasión... No me acuerdo cuáles fueron las palabras exactas que pronunció, pero creo que manifestó su intención de retirarse de la presidencia*".

Ni bien se entera de estos hechos, el presidente Roosevelt invita a Ortiz a que se opere en los Estados Unidos. Ofrece, a través de su gobierno, hacerse cargo de todos los gastos de la intervención quirúrgica así como también el desplazamiento y la estadía del paciente y sus familiares. Pero Ortiz declina aceptar el ofrecimiento. Para él, todo está terminado.

A partir de ese momento, los hechos se precipitan. El 24 de junio sale la nota dirigida al Senado presentando su renuncia.

"Las conclusiones desfavorables sobre el estado de mi salud a que acaban de llegar los señores médicos que me asistieron, determinan la presentación ante la Honorable Asamblea Legislativa de mi renuncia al cargo de Presidente de la Nación Argentina para el que me eligió el pueblo de la República el 5 de septiembre de 1937."

Otro mensaje se dirige al vicepresidente Ramón Castillo. *"Al resignar mi investidura, declaro que las disidencias que pude tener con V.E. en el modo de apreciar y resolver problemas de política interna e internacional, nunca han afectado la alta e invariable consideración personal que tengo y debo al señor vicepresidente."*

La Asamblea Legislativa se reúne el sábado 27 de junio. Hay quien conjetura y aún sugiere que la renuncia de Ortiz debe ser rechazada. Son puras especulaciones. La Asamblea acepta la renuncia en un trámite breve y sin demasiadas discusiones. A las 17 horas del viernes 26 de junio, Ortiz ya había hecho arriar la bandera y se había retirado de la residencia de la calle Suipacha la que, en el futuro, ya ningún presidente volverá a habitar. Regresa a su departamento de la calle Callao. Es un hombre sin salud, sin poder y sin fortuna. Se siente un muerto en vida.

Enojado y decepcionado con sus médicos, pasa a ser atendido por los doctores Luis María Álvarez y José Tobías.

El 30 de junio es visitado en su domicilio por el ya presidente Ramón Castillo. Será la última vez que se encuentren. A Ortiz le quedan pocos días de vida.

El fin es precipitado por una gripe que contrae el 9 de julio. El invierno de 1942 fue muy frío. Mientras es examinado por el doctor Tobías, sufre un paro cardíaco. El lunes 13 habla con sus hijos. Les hace saber que se está muriendo. El martes 14 lo visita otra vez el presidente Castillo. No le es posible verlo. Está con máscara de oxígeno. Lo llaman a monseñor Miguel De Andrea quien le recibe su última confesión. *"Cuando puse mi firma al pie de la renuncia, levanté una barrera infranqueable que terminó con la etapa de mi vida dejada atrás. Allá se quedaron, para no recordar más los sinsabores. Desde entonces me reintegré por entero al cariño de mis hijos y ahora me entrego totalmente a Dios.¡Qué poco importantes resultan en esta hora las cosas que parecían grandes, y que pequeños los sentimientos y los resentimientos que absorben y dividen a los hombres!".*

Monseñor De Andrea le administra el sacramento de la extremaunción. A la 7.25 de la mañana siguiente, miércoles 15 de julio de 1942, Ortiz pide un vaso de agua fría. No tendrá vida para beberlo. Cuando se lo traen yace muerto.

Capítulo Cinco

Juan Domingo Perón
El retorno fatal

El avión atravesaba el Atlántico bajo un cielo claro y sin turbulencias. Nada exterior perturbaba la serenidad del vuelo del Tango 01. En su interior había una mezcla de sensaciones. La emoción del retorno, de un retorno que, esta vez, sería definitivo. Pero también había una cierta tensión. Los días previos, en Madrid, habían dejado ver, claramente, un ambiente de desagrado hacia el presidente Héctor J. Cámpora. Algo no andaba bien. Y eso se percibía a bordo de esa nave que cruzaba el océano hacia Buenos Aires.

De repente, un dolor turbó la tranquilidad del líder. Era un dolor agudo, localizado en la boca del estómago. Fue un dolor punzante que se irradiaba hasta la espalda. No era la primera vez que lo sentía. Los alcalinos estaban a la orden del día cuando aparecía. Seguramente esta vez sería lo mismo. Entre tantas emociones y los desarreglos alimentarios pensó que hasta era lógico que el padecimiento reapareciera. El dolor iba en aumento. Había que disimular. Pidió whisky. Y fue el alcohol el que le trajo la calma por la cual clamaba. De a poco el dolor fue cediendo. "Nada importante", habrá pensado ante la mejoría. El pasaje, en tanto, seguía con su vida. La mayoría dormía. El general Perón volvió a pensar en sus proyectos, sin saber que en eso momento había sufrido un episodio de isquemia sobre su ya dañado corazón. El derrumbe, su derrumbe, había comenzado.

La vida de Perón fue una novela. Y una novela llena de controversias, polémicas e intrigas que comienzan ya desde su nacimiento. En efecto, hay trabajos que hablan de una fecha y un lugar de nacimiento diferente al narrado por la historia oficial. Por lo tanto no sería el 8 de octubre de 1895 en Lobos en donde nació Perón sino el 7 de octubre de 1893 en Roque Pérez en donde dio vio la luz de este mundo. Su madre, Juana Sosa, era una india tehuelche que tenía 17 años cuando lo parió. Su padre, Mario Tomás, tenía 23. Era hijo de un médico, Tomas Liberato Perón, que murió joven dejando a su familia en una situación de angustia económica. Fue por eso que el progenitor de Perón se trasladó al campo en pos de afrontar la posibilidad de una vida mejor. Y allí conoció a Juana Sosa con quien, sin estar casado aún, tuvo dos hijos: Mario el primero y Juan Domingo el segundo.

La vida distó de ser fácil para esa familia. Juan Domingo quiso ser médico para emular a su abuelo cuya figura tenía un peso preponderante. No pudo por falta de recursos económicos. Una beca fue la que le permitió ingresar al ejército. Allí sí hizo carrera. La actividad física le encantaba. Fue instructor de distintos deportes. Y por supuesto que la política despertó también en él una fuerte pasión. Un hábito lo acompañó desde su temprana juventud y durante toda su vida: fumar. Y fumaba mucho. El hábito de fumar —un verdadero vicio— se asociaba en aquellos años con la virilidad.

La salud de Perón había sido un tema de significación política ya desde su exilio. En enero de 1964 se sometió a una operación por una afección prostática. Si bien hubo una indicación en contrario del médico Latella Frías, prevaleció la opinión del renombrado urólogo español Antonio Puigvert quien procedió a extirparle la próstata. La operación —una prostatectomía por vía transvesical— tuvo lugar en la Clínica Covesa de Madrid. Tras un primer tiempo en que el paciente anduvo bien, las cosas comenzaron a desmejorar. Aparecieron dolores y molestias que Perón le describió a su médico de confianza, el doctor Hipólito Barreiro, con lujo de detalles: *"Me operé de la próstata el año pasado, doctor, y ahora siento que no estoy bien, ando cansado... aparte de esto cada tanto siento una molestia primero y un dolor después que comienza en la ingle derecha y me corre por el muslo ...no importa si me quedo quieto o camino... no se modifica... dura un par de horas y se va, para luego volver al tiempo. Hace varios años que ando así, al principio no era mucho el trastorno y no le daba importancia, pero, es curioso, desde que me operé ha ido en aumento... sé que no es reumático... vi a algún neurólogo, pero nada... y me tiene preocupado...l os amigos no han podido dar en la tecla... también suelo tener dolores en el testículo izquierdo, pero eso lo soluciono con infiltraciones de novocaína... Por ahora me estoy haciendo 'Regeneresen', que son preparaciones inyectables de ácido ribonucleico y ácido desoxiribonucleico con unos médicos alemanes; siento que me hacen bien, pero no son suficientes"*.

Fue ese año 1964 en el que Perón intentó su regreso a la Argentina. Era el tiempo en el que su arribo al país estaba rodeado de misterio. La famosa leyenda del avión negro sobrevolaba por el imaginario nacional para esperanza de sus seguidores y para horror de sus adversarios y enemigos. Ese regreso se frustró. El 2 de diciembre, junto a Perón, abordaron el avión de Iberia Isabel, su esposa, los dirigentes sindicales Augusto Vandor y Andrés Framini y los dirigentes políticos Delia Degliuomini de Parodi, Alberto Iturbe y Carlos Lascano. Este hecho produjo una enorme conmoción en los hábitos políticos y militares del país. Gobernaba por entonces el doctor

Arturo Illia, un hombre honesto que, jaqueado por la debilidad de haber sido votado sólo por el 23 por ciento del electorado debido a la proscripción del peronismo, poco podía hacer frente al poder militar de entonces. La situación obligó al
canciller Miguel Ángel Zavala Ortiz a trabajar toda esa noche
antes de que el avión hiciera escala en Río de Janeiro. Su gestión dio frutos y cuando Perón y su comitiva descendieron en
el aeropuerto de Río, las autoridades militares locales le impidieron seguir viaje a Buenos Aires. Debió embarcarse, pues,
ese mismo día, 3 de diciembre, de vuelta hacia España. El incidente molestó mucho al general Franco, el dictador español,
que le impidió al ex presidente argentino —en aquel entonces
el "tirano prófugo"— volver a su casa de Puerta de Hierro para confinarlo en Málaga.

Debieron pasar ocho años para que el regreso se concretara.
Ocho años en los que la Argentina atravesó una marcada inestabilidad institucional. Illia fue derrocado por un golpe cívico-
militar que colocó al general Juan Carlos Onganía como Presidente en junio de 1966. Éste, a su vez, fue derrocado en 1970
por la Junta de Comandantes en Jefe que colocó en la presidencia al general Roberto Marcelo Levinston, quien a su vez fue derrocado por esa misma junta en 1971 para ser sucedido por el
general Alejandro Agustín Lanusse.

Al término de todos estos avatares la llamada "Revolución Argentina" estaba agotada. Por lo tanto los comandantes en jefe decidieron abrir el proceso electoral para volver a la normalidad institucional. Esto ocurría en el medio de un período de singular y
creciente violencia que se había abierto en el país con el secuestro
y asesinato del general Pedro Eugenio Aramburu a manos de un
grupo guerrillero de orientación peronista: Montoneros.

En medio de ese reguero de sangre que asolaba el país y que
iba a ser el símbolo de la década de 1970, se fue modelando
un proceso electoral largo y difícil. La Junta de Comandantes

decidió tender puentes con Perón cuya influencia sobre la vida política argentina era mayúscula. El primer gesto fue el de la colocación del busto de Perón en la Casa Rosada. El segundo fue la restitución del cadáver de Eva Perón a su esposo. En la negociación, que culminó con la restitución del cuerpo embalsamado de Evita, tuvieron un rol fundamental el coronel Francisco Cornicelli, enviado especial del general Lanusse, Jorge Daniel Paladino, por entonces delegado personal de Perón, el brigadier Jorge Rojas Silveyra, embajador argentino en España, el teniente coronel Mario Cabanillas, quien había sido el encargado de trasladar los restos de Evita hasta el cementerio Magíster Maggiore de Milán y José López Rega.

Este hombre, José López Rega, que tanto daño iba a causar, había ingresado en la vida de Perón en 1966 tras la vuelta de Isabel de un fallido y complicado viaje a la Argentina.

"Daniel", tal su nombre asignado dentro de la secta Anael, había sido llamado por el teniente coronel Osinde para custodiar a Isabelita durante su estadía en la Argentina, a donde fue enviada por su esposo para mediar entre los partidarios de Vandor y el sector del peronismo que apoyaba la candidatura de Mario Corvalán Nanclares para gobernador de Mendoza. El vandorismo apoyaba allí a Serú García. La gestión terminó en un fiasco y a su regreso a Madrid, el 12 de julio de 1966, Isabel ya estaba acompañada por López Rega.

Su figura crecería hasta hacerse miembro inseparable de Perón e Isabel.

El paso de los años, entre tanto, estaba haciendo lo suyo sobre la humanidad de Perón. Los que lo frecuentaban ya habían notado que su actitud mental cambiaba durante el día. En la mañana dominaba la lucidez de siempre. En la tarde decaía. Faltaba la chispa y la capacidad de concentración. Y ese deterioro progresivo iba a ser muy bien aprovechado por "Daniel".

1972 fue una año vertiginoso y, como todos los de aquella década, violento. La Junta Militar definió el calendario electoral. Se votaría el 11 de marzo del año siguiente. Lanusse había lanzado el Gran Acuerdo Nacional. Subyacía en él un anhelo: el de ser el candidato del GAN. Quería seguir siendo Presidente. La posibilidad de que esto se concretara dependía de la decisión de Perón. Si Perón lo vetaba o volvía, este sueño se acababa. Y se acabó. Perón no lo aceptó. Perón quería volver al poder y esto ahora estaba más cerca que nunca. Se fijó la fecha del 25 de agosto como límite para que los aspirantes a ser candidatos a la presidencia fijaran su residencia en la Argentina. Era una clara maniobra destinada a provocar al líder del justicialismo. Cuando llegada esa fecha Perón todavía permanecía en Madrid, Lanusse se animó con aquella famosa bravuconada: *"A Perón no le da el cuero para venir"*. En Madrid hubo furia. Se tomó la decisión de apurar el regreso. Sería para el 17 de noviembre de ese año.

Seguramente, el general habrá pensado en todas esas cosas durante la larga travesía Madrid-Buenos Aires. El avión venía acondicionado especialmente según el pedido de José López Rega. La zona anterior había sido dividida en dos sectores, A y B. En el sector A viajaban Licio Gelli, López Rega, Luchino Revelli, Giancarlo Valori quienes eran miembros de la Logia Propaganda Due. En el sector B estaban Perón, Isabel, el presidente Cámpora, su esposa Georgina, la esposa del embajador en España, José Campano, el coronel Milo de Bogetich y la señora Rosario Álvarez. Nadie se anotició del malestar de Perón ni del verdadero significado del episodio doloroso que lo perturbó esa noche.

Había tensión en el ambiente. Pero eso tenía que ver con el disgusto que Perón y su entorno estaban amasando con la gestión de Cámpora, cuyo "vicariato" tendría corta vida. Y si ese disgusto era mucho, lo sucedido el 20 de junio en Ezeiza sería letal. La fiesta se había preparado en un escenario a la altura del puente "EL Trébol", al que Perón sería trasladado para vivir su tan ansiado reencuentro con el pueblo peronista. Pero no pudo ser. La lucha entre sectores antagónicos del justicialismo arruinó todo. Y así, la erupción de la violencia generó enfrentamientos durísimos. Hubo decenas de muertos en medio de escenas dantescas de gente que huía del palco y sus inmediaciones en pos de lograr alguna protección que salvara sus vidas. El avión presidencial debió aterrizar en la base aérea de El Palomar.

La decepción de la multitud que quiso ver a Perón fue indescriptible. Y el enojo y la furia de éste, aún mayor. Se creó una comisión investigadora que fue copada por el teniente coronel Osinde, hombre de López Rega. El encono contra Cámpora aumentaba.

El 26 de junio se desencadenó otro episodio que demostró la fragilidad de la salud del ex presidente. Se llamó de urgencia al doctor Jorge Taiana que acudió de inmediato a Gaspar Campos, domicilio de Perón. A su llegada encontró a un Perón pálido, con piel húmeda, sentado en el living de cara al gran ventanal. Se quejaba de un dolor en el epigastrio que se irradiaba hacia la región esternal, base del cuello y axila derecha. Había estado con dolores desde la madrugada. El primero en verlo fue el doctor Osvaldo Carena, médico tisiólogo, que se desempeñaba en el Ministerio de Bienestar Social. Había ido a Gaspar Campos para ver a López Rega, que era el titular de dicho ministerio. A su llegada vio a Perón con ese cuadro. Interpretó que se trataba de una isquemia coronaria y decidió llamar al doctor Taiana.

Taiana examinó a Perón y con el electrocardiograma en mano confirmó el diagnóstico de isquemia coronaria de cara diafragmática. Decidió entonces llamar al destacado cardiólogo, profesor Pedro Cossio que, tras revisar al enfermo y realizar otros electrocardiogramas, confirmó el diagnóstico.

Se instituyó el tratamiento médico disponible en esa época junto con reposo estricto. También se discutió la necesidad de instalar una guardia médica permanente en la casa. López Rega se opuso terminantemente. Isabel se comprometió a llevar adelante las tareas de enfermería suministrándole la medicación en los horarios indicados. Perón no era un paciente muy cumplidor. Decía tener intolerancia a los medicamentos.

El 28 de junio de 1973, tras 24 horas sin síntomas, se agrega un cuadro de dolor en el pecho y dificultad respiratoria —disnea—. Esto ocurrió a las 15.30 horas. A las 17.30 horas, hubo una reunión entre los doctores Carena, Cermesoni, Cossio, Donato, Ferrari, Liotta, Taiana y Villani. Se sugirió establecer una guardia médica permanente, que fue rechazada.

Es ante este cuadro que los doctores Cossio y Taiana toman la determinación de elaborar una exhaustiva historia clínica de Perón. Allí aparecerá una sorpresa mayúscula. Perón había sufrido un infarto agudo de miocardio. El accidente había ocurrido entre 1971 y 1972.

El viernes 12 de julio se redacta un acta sobre la salud de Perón que firman los doctores Carena, Cossio y Taiana. El domingo 15 las cosas vuelven a complicarse. Ese día sufre un edema agudo de pulmón del cual sale bien. Se decide la redacción de un nuevo parte médico al que seguiría otro el lunes 26. Los tres comunicados se encuentran en la Escribanía General de la Nación. Hubo en esa fecha una conversación entre los médicos, Raúl Lastiri, a la sazón Presidente de la Nación y López Rega. En esa charla se advirtió sobre la delicada salud de Perón y sus implicancias políticas, en el sentido de las limitaciones que esto representaba para sus aspiraciones presidenciales. Ahí estuvo el inefable López Rega que se burlaba de las opiniones de los médicos. Las anécdotas de ese devenir son patéticas. En una ocasión agredió verbalmente, en forma brutal, al profesor Cossio. "*¡No lo dejaré entrar más al doctor Cossio! ¡Lo arrojaré escaleras abajo!*", según Taiana.

Los médicos necesitaban hablar a solas con Isabel. Querían advertirle de la crítica situación de salud de su esposo. Luego de muchas vueltas ese encuentro se produjo. Allí le expusieron claramente el cuadro clínico. Se le habló de la severidad de la lesión cardíaca, de las posibles complicaciones y de la conveniencia de instalar una guardia médica cardiológica permanente en Gaspar Campos. Pero la conversación no dio resultados. Nadie parecía entender la gravedad del cuadro clínico de Perón. Isabel coincidía con López Rega en sostener el diagnóstico del médico español Florez Tascón que atribuía los trastornos del General a problemas de tipo digestivo. Por lo tanto se hablaba de la dieta, de los alcalinos, del agua de Vicente López más el clima, la humedad y otras cosas. A la sugerencia de la guardia médica permanente se le opuso la de López Rega de instalar un micrófono en la mesa de luz de Perón que estaría conectado a su habitación. Así estaría al tanto de cualquier ruido o sonido emitido por el General. En ese entonces, López Rega relacionaba la salud de Perón con la electricidad, los astros, las enfermedades y muertes de otras personas.

Una tarde estaban conversando en el jardín de invierno los doctores Jorge Taiana y Domingo Liotta. Apareció López Rega y, entonces, se suscitó el diálogo siguiente, reconstruido por Taiana años más tarde:

"—*De este episodio el General se repondrá. No se preocupen, muchachos, estará bien un tiempo. Luego tendrá una segunda caída y de ésa, cualquiera sean los medicamentos que indiquen, no saldrá.*

"—*¿Y que quiere decir que 'no saldrá'? ¿Significa que perderemos al General?* —preguntó Liotta.

"—*Vea, doctor* —contestó López Rega— *con todo el cariño que le tengo, no me interesa el General, me preocupa la Argentina.*"

El 4 de julio de 1973, el presidente Cámpora convocó al gabinete a una reunión en Casa de Gobierno. López Rega y Lastiri hablaron del malestar de Perón por las tomas que se estaban haciendo de fábricas y oficinas públicas. Se habló de renuncias. Por la tarde el gabinete concurrió a Gaspar Campos en donde Perón se estaba recuperando de un infarto.

Sólo Taiana, por ser uno de los médicos de la más completa confianza de Perón, entró a la habitación. El líder estaba sentado en una mecedora.

La reunión fue muy tensa. Comenzó conversando sobre los actos conmemorativos del fallecimiento de Eva Perón. Allí se dejó en claro que la juventud peronista no debía estar presente. Pero el tema central era otro: la necesidad de terminar con el gobierno de Cámpora. Fue Isabel quien lo insinuó, sin rodeos: *"El General y nosotros también, después de tantos años, hemos venido a la Argentina, como él mismo lo dijo, para reunir a todos los argentinos. Y si esta situación prosigue, doctor Cámpora, y no se le puede poner remedio, yo me lo llevo a Madrid"* dijo, ante el estupor de Taiana. La respuesta de Cámpora fue inmediata: *"Señora, todo lo que soy, la misma investidura de Presidente, se lo debo al General. Por lo tanto usted lo sabe, el cargo está a disposición del general Perón, como siempre lo estuvo".* Con esta frase, Cámpora le estaba poniendo fin a su presidencia. La voz de López Rega se lo hizo comprender de inmediato: *"Bueno, ahora nos entendemos. Así todo es más claro".*

Con Cámpora aún shockeado por el acontecer de esos segundos que harían historia, el doctor Benítez, ministro de Justicia, analizó los pasos para cumplir con los requerimientos constitucionales necesarios para la implementación de esta decisión. Gelbard habló de la necesidad de mantener el tema en reserva hasta que toda la operación estuviera organizada, a fin de no producir inquietud en los mercados. López Rega, deseoso de que su yerno, Raúl Lastiri, a la sazón Presidente de la Cámara de Diputados, fuera el presidente de la transición, forzó la salida de la escena política del doctor Alejandro Díaz Bialet, presidente provisional del Senado y a quien le hubiera correspondido constitucionalmente hacerse cargo del Poder Ejecutivo. Por lo tanto, Díaz Bialet fue designado *"embajador extraordinario y plenipotenciario para la realización de una labor de exploración con miras a fijar la posición del país en relación a la IV Conferencia de los Países No Alineados que se efectuaría en Argelia el 29 de Agosto de 1973"*, según informó sobriamente el diario *La Nación* del 5 de julio de 1973.

Terminada la reunión, se decidió comunicar la novedad a Perón. Subieron a su habitación Cámpora, Isabel, Solano Lima, López Rega y Taiana. Habló Cámpora, quien ratificó su lealtad a Perón y le dijo que, en atención a satisfacer el deseo del pueblo de tenerlo al general en la presidencia, renunciaría al cargo junto con el vicepresidente, Vicente Solano Lima.

"—*Bueno, habría que pensarlo"*, respondió Perón, a lo que López Rega replicó: *"No hay nada que pensar, General, para qué se van demorar las cosas"*.

"*—¿Y los militares?* —fue la pregunta de Perón.

"*—No, no hay ninguna oposición.*

"*—Bien* —concluyó Perón.

Perón se abrazó con Cámpora y con todos los demás. Estaba emocionado. Había lágrimas en sus ojos. En ese momento, fue Isabel quien lo abrazó, diciéndole:

"—*Vamos, Perón."*

El 13 de julio Cámpora y Solano Lima hicieron efectivas sus renuncias. Raúl Lastiri asumió la presidencia y se convocó a elecciones para presidente y vice en septiembre de ese año.

Lastiri confirmó a seis ministros del gabinete de Cámpora y desplazó a los dos que se relacionaban con la juventud peronista: Esteban Righi, ministro del Interior, y Juan Carlos Puig, ministro de Relaciones Exteriores. A Righi lo reemplazó el embajador Benito Llambí y a Puig el embajador Alberto Vignes, quien había sido cesado en sus funciones por Perón en su primera presidencia. Lo apoyaba ahora la Logia Propaganda Due. La Triple A comenzaba a actuar. El poder de López Rega se agigantaba. La violencia no cesaba.

Mientras tanto, la cuestión electoral ofrecía una sola incógnita ya que la victoria del peronismo era cantada. El dilema era el vicepresidente. La designación era crucial. Perón sabía que estaba enfermo. Lo sabían sus médicos. Lo sabían Isabel y López Rega aun cuando lo negaban. La figura de Balbín seducía a Perón y a otros tantos justicialistas. Era la fórmula de la unidad soñada. Sin embargo, las cosas serían diferentes.

Fue el Consejo Metropolitano del Justicialismo el que lanzó la idea de la fórmula Perón-Perón. Una tarde de ese invierno hubo una reunión de una veintena de dirigentes con Perón. Fue en la casa de Gaspar Campos. Perón los escuchó a todos y hacia el final, golpeando la mesa, dijo: *"¡No podemos cometer el mismo error que en el '51! Además, no tengo salud y es posible que no termine mi período presidencial. No quiero dejar a Isabel expuesta a semejante situación"*. El embajador Benito Llambí, viejo amigo de Perón desde los tiempos en que ambos eran sospechosos de simpatizar con el nazismo, lo relató en su libro *Medio siglo de política y diplomacia*.

No obstante, en una conversación que tuvo con los doctores Cossio y Taiana afloró la decisión final del General. Fue una mañana de agosto en la que les expresó su cansancio por las muchas entrevistas que debía conceder así como también la idea de López Rega de ir a descansar a Mar del Plata, idea que desaconsejaron firmemente Cossio y Taiana. Durante esa conversación, los médicos hicieron mención al caso de Mao que derivaba muchas de las rutinas del ejercicio del poder en Chou-En Lai. En la memoria de Taiana, el comentario fue así:

"—*Ya tengo un Chou En Lai*— dijo Perón.

"—*¿Podemos conocer su nombre, mi General?*— preguntaron los médicos.

"—*Sí, Isabel.*

Cossio y Taiana quedaron azorados. Seguramente presintieron lo que vendría.

El 7 de agosto, el Congreso Nacional del Partido Justicialista proclamó la fórmula Perón-Perón. Cossio y Taiana habían hecho llegar al máximo organismo de la conducción partidaria una nota con su opinión médica. Decía así:

"*Consultados sobre la salud del teniente general Juan Domingo Perón y su capacidad para asumir la primera magistratura del país, declaramos: 1º) Perón se encuentra restablecido de la afección comprobada el 16 de junio del corriente año (infarto agudo de miocardio); 2º) Que la actividad futura debe contemplar y ajustarse a la situación física vinculada a la edad y la afección física padecida*".

La sola lectura de esta nota deja entrever una entrelínea muy clara. La salud de Perón estaba seriamente afectada y las demandas del ejercicio de la presidencia podían llegar a ser catastróficas para el paciente. Pero nadie del entorno político quiso atender esta advertencia que terminaría obrando como una verdadera profecía autocumplida, con enormes y ominosas consecuencias para el futuro del país en lo social, lo político y lo económico.

En la edición del 20 de agosto de 1973, es decir trece días después de la proclamación de la fórmula Perón-Perón, la revista norteamericana *Time* publicó un artículo titulado "El consejo de los doctores" (*The doctor's advice*), cuya autenticidad, en sus aspectos esenciales, no ha sido negada. Reproducía una supuesta conversación entre Perón, el doctor Cossio y el doctor Taiana. En este artículo queda claramente expuesto el nivel de conciencia que Perón tenía de su negro futuro.

"—*Díganme la verdad*—apuró Perón, en tono que trataba de despojar de todo énfasis—. *Como ustedes saben, yo no soy un 'enfermo' sino 'el enfermo'. Sé que no me queda demasiada cuerda. Estoy*

cansado. Ya no soy el mismo de antes. Es difícil para mí poder con-
centrarme, ¡yo que acostumbraba a trabajar 30 horas por día!

"—*Bien, General* —asintió Cossio, como para salir del paso—. *Lo importante es que siga usted, estrictamente, las instruccio-*
nes que le hemos aconsejado...

"—*Yo soy obediente* —masculló el General, siguiendo a los
interlocutores con la mirada—. *Sé cuándo hay que dar órdenes y*
cuándo tengo que cumplirlas; y el cumplimiento de las órdenes no
es lo que importa ahora. Lo importante es que el país está en la ba-
lanza y tengo que tomar decisiones... Acérquese, Taiana, ¿qué está
pasando con 'este viejo'"?

Taiana se rehizo con dificultad. Se despojó de los anteojos
para responder:

"—*Usted está delicado. Pero ya que usted habla del país, de-*
bo serle franco. Sus facultades podrían sufrir una declinación. Y
a nuestro entender usted no va a seguir las instrucciones, usted va
a seguir trabajando y así es imposible controlarlo. Creo que usted
debe estar preparado para esta situación límite... Habrá posibles
pérdidas de memoria, una fatiga muy intensa. Su corazón es fuer-
te, pero soporta una enorme tensión. Sus pólipos también consti-
tuyen un problema..."

"*Perfectamente, entonces me queda poca cuerda",* se oyó decir
a Perón, con la mirada fija en la distancia. Aclaró la voz para in-
terrogar: "*¿Cuándo moriré?"*

"*No, no. De manera alguna se trata de eso",* se apresuraron
tanto Cossio como Taiana a desestimar la inminencia del peligro. Taiana retomó la palabra:

—*Usted debe cuidarse, ¿eh? Podría durar años...*

—*Sé muy bien que eso no es verdad* —puntualizó el General,
para insistir imperturbable:— *¿Sería tanto como para aguantar*
una presidencia de cuatro años?

—*Con ese esfuerzo* —lo previno Taiana— *usted rápidamente*
reduciría la posibilidad de sobrevivir. Como amigo y médico debo

decirle que usted no debe hacerse cargo de la presidencia, y que tiene que disminuir el trabajo que está haciendo ahora.

Perón no hizo caso a esta sugerencia. Era renunciar a su sueño más ansiado, aquél por el cual había esperado dieciocho años. Dieciocho años de destierro vagando por el mundo.

Ahora, esa especie de peregrinación en busca del poder llegaba a su fin. ¿Cómo decir que no al tan ansiado retorno a la presidencia?

Y así fue como se votó el 23 de septiembre de ese año 1973. El triunfo era descontado y fue apabullante. La fórmula Perón-Perón se impuso con el 62 por ciento de los votos, guarismo nunca obtenido ni superado en la historia de las elecciones presidenciales en la Argentina. Pero nada detenía la locura de la violencia. El lunes 24 fue asesinado el sindicalista José Ignacio Rucci. Estaba claro que el mito Perón ya no era suficiente para detener las luchas internas del justicialismo.

El nuevo Presidente asumió el 12 de octubre y tres días después se produjo la primera reunión de gabinete. Perón confirmó a todos los ministros de Lastiri y nombró al ex vicepresidente Vicente Solano Lima como secretario general de la presidencia. Habló de la necesidad de que el gabinete funcionara a la manera de los Caballeros de la Mesa Redonda para quienes la amistad era un elemento fundamental. Delineó su plan de trabajo. Se le prometió a los trabajadores una recuperación paulatina del salario. La idea era llegar a que la masa salarial representara el 50 por ciento del producto bruto. Para los jóvenes, la idea era esperar. Ya llegaría su tiempo que, para Perón, no era ése. Aún se creía que por la sola presencia de Perón se podrían manejar las cosas casi automáticamente. No se terminaba de entender que ahora se trataba de conducir un país distinto del de 1955 y que ya el General no era el mismo de dieciocho años atrás.

Habían pasado tan sólo cuarenta días de la asunción, cuando Perón sufrió un grave episodio médico que puso en peligro su vida. Había regresado de un breve viaje a Montevideo cuando en la madrugada del 21 de noviembre se descompuso. La negativa de Isabel y de López Rega a instalar una guardia médica en Gaspar Campos potenció la gravedad de la situación. El doctor Liotta estaba en China y el doctor Cossio no respondía a los desesperados llamados telefónicos. Hubo que salir a buscar a un médico de urgencia. Se acudió al doctor Juan Luqui Lagleyze, médico laboralista, que vivía en las inmediaciones de la casa de Gaspar Campos. A Lagleyze lo conocían ya que, unos meses antes, la custodia presidencial casi había atropellado a su hija, episodio que motivó que tanto López Rega como Isabel se ocuparan personalmente de la atención de la niña que, a más del susto, afortunadamente no había sufrido ninguna otra complicación. Por lo tanto, en las primeras horas del miércoles 21 de noviembre, los custodias tocaron el timbre de la casa de Lagleyze para pedirle que fuera a atender al Presidente. Cuando el médico llegó encontró a Perón con una enorme dificultad respiratoria. Diagnosticó de inmediato un edema agudo de pulmón. Mandó a la custodia a buscar oxígeno y remedios a la Clínica Olivos o al hospital de Vicente López. Mientras tanto, le pidió a López Rega que le alcanzara algunos tubos de goma para hacer unas ligaduras. También preguntó si había algún medicamento en la casa que pudiera ser útil para tratar al paciente. Por suerte había algunas ampollas de aminofilina. Esquer, el jefe de la custodia, le alcanzó la jeringa y López Rega el alcohol y el algodón.

"*Un pinchazo General y va a estar mejor*", dijo el médico.

"*No se preocupe, ya está acostumbrado a ellos*", respondió López Rega.

Perón comenzó a reaccionar bien y en el momento en que arribaron un joven médico de la clínica Olivos y el doctor Cossio, el cuadro ya había comenzado a ceder.

Esto motivó una nueva indicación de los médicos para que se instalase una guardia permanente en la residencia de Gaspar Campos. Tanto López Rega como Isabel se negaron a pesar de que las cosas seguían complicadas. El 9 de diciembre Perón sufre un cuadro de hipertensión arterial (195-100). El cuadro hipertensivo se extendería por dos días más. El 30 de diciembre el paciente presenta un cuadro de dificultad respiratoria (disnea) y el 31 una taquiarritmia.

A comienzos de 1974, el Presidente se trasladó a la Quinta de Olivos, lugar que le producía un particular disgusto.

El año 1974 habría de comenzar con situaciones políticas complicadas. El panorama de la violencia no cesaba. Y el 19 de enero se produjo el intento de copamiento del escuadrón militar de Azul. Fue un episodio cruento en el cual se hizo presente, otra vez, la muerte. Entre los muertos estuvo el jefe de la unidad. El episodio enfureció a Perón que, en una conferencia de prensa en la Quinta Presidencial, denostó a los sectores de la guerrilla por su accionar. Perón estaba fuera de sí y se recuerda el episodio que protagonizó con la periodista acreditada del diario *El Mundo* a quien, increíblemente, ordenó procesar judicialmente como si hubiera sido una participante de la operación.

El episodio ocasionó el pedido de renuncia del gobernador Oscar Bidegain, pedido que se extendió a otros gobernadores. Entre ellos estuvo Ricardo Obregón Cano, gobernador de Córdoba, que fue desplazado después de una asonada tumultuosa encabezada por el jefe de policía de la provincia. Los sectores de la izquierda del peronismo comenzaban a ser desplazados. La influencia de López Rega iba creciendo en forma imparable. Fue entonces cuando ocurrió la primera escisión de un grupo de diputados de la izquierda del peronismo, a quienes Perón desconoció en una conferencia de prensa televisada.

Pero, si en lo político las cosas estaban complicadas, en lo referente a la salud del Presidente las cosas iban de mal en peor. Desde el 1 hasta el 10 de enero presentó trastornos del ritmo cardíaco con hipertensión arterial y disnea. Los electrocardiogramas mostraban extrasístoles ventriculares y supraventriculares de una a cuatro por minuto, recuerda Taiana. El mismo 10 de enero el cuadro de arritmia cardíaca continuaba. Por esto los doctores Cossio y Taiana decidieron comunicar al gabinete nacional qué era lo que estaba pasando con la salud del Presidente. El relato de esa reunión hecha por Jorge Taiana es imperdible.

"Expuse con veracidad y crudeza el cuadro clínico del General y la gravedad experimentada en los últimos días. Coincidí con el doctor Cossio en formular un pronóstico letal a mediano plazo. Muchos de los presentes —confundidos por declaraciones y comunicados de fuentes periodísticas u oficiales no médicas— mostraron sorpresa e inquietud.

"López Rega esbozaba una sonrisa de incredulidad; no tardó en desarrollar su interpretación sobre el Presidente: 'Desde hacía un tiempo ya no existía. Quería volver a su casa, era un regreso como el de los fantasmas o los faraones. Quería volver a su casa, a su pirámide, a su tumba. La quinta de Puerta de Hierro era su tumba. Allí quería estar con su mujer, sus perros, sus cosas. ¿No ven que ya no le interesa la vida, los problemas de gobierno? Quiere volver. De pronto parece interesarse, es como los fantasmas, aparece y desaparece. Hace tiempo que ha muerto, está vacío y yo le pongo, poco a poco, las ideas necesarias, lo alimento... Y necesita de mi fuerza, de mi flujo de ideas y esa tarea es mi tremenda responsabilidad...'

"Entretanto, se oían las preguntas: '¿Y cuánto tiempo de vida le aseguran los médicos al Presidente?', '¿Qué es mediano plazo?' '¿Cuánto tiempo piensan que vivirá el Presidente?'

"Respondimos:

"—Pronosticar es siempre difícil, pero en este caso nos atrevemos a decir que la vida no se prolongará más de seis a ocho meses.

"*La tristeza y la preocupación de todos chocaban con la serenidad de López Rega:*

"*—Yo no creo en los doctores ni en tanta gravedad. El General
ha mejorado y se siente mejor porque yo también me siento bien. Es
un Faraón, que desde hace tiempo no existiría si no lo alimentara
periódicamente con mis flujos magnéticos. Él absorbe mis flujos y
yo retiro sus malos humores.*

"*Frases tan absurdas que le hicieron perder la paciencia a Ángel
Robledo, conciliador de raza, quien lo interrumpió con desprecio:*

"*—Vea López Rega, déjese de joder.*"

El 14 de enero, el distinguido clínico español Florez Tascón, que ya había sido médico de Perón, lo visita y examina
en Olivos. Florez Tascón constata un deterioro sensible en la
salud del enfermo y aconseja una intensificación de su descanso y una disminución generalizada de su actividad. Pero nada
de eso ocurre. El 15 de enero, Perón recibe al general Omar
Torrijos, presidente de Panamá. Experimenta un fuerte impacto emocional: Panamá había sido una de las primeras escalas
de su largo exilio.

Febrero comienza con alguna mejoría, pero el 21 se repiten
tres episodios de arritmias con extrasístoles ventriculares, vómitos y diarrea, anota Taiana.

En marzo visita el país el presidente de Rumania, Nicolás
Ceausescu junto con su esposa Elena. Era una visita que se ins-
cribía claramente en la decisión de Perón de que la Argentina
participara en el grupo de los Países No Alineados. Ceausescu
fue uno de los dictadores más brutales que hubo en la Europa
del Este. A Ceausescu y a su esposa se les entrega el Collar de la
Orden del Libertador San Martín y la Universidad de Buenos
Aires lo nombra Doctor Honoris Causa.

Sobre el final de marzo se repiten otra vez los episodios de
arritmia cardíaca, por lo que el Presidente reaparece en la Casa

Rosada recién el 15 de abril. Finalmente en ese mes se autorizó la instalación de un equipo de emergencias médicas en la Quinta de Olivos.

El 17 de mayo, a pesar de la oposición del cuerpo médico, Perón realiza, junto con su gabinete, una fatigante visita de inspección a la Flota de Mar de la Armada, en pleno océano. Allí se lo somete a una actividad inadecuada, en un clima inhóspito con mucho viento y frío. El Presidente sufre, como consecuencia, una inflamación de sus vías respiratorias.

El 3 de junio, y también haciendo caso omiso a las indicaciones de sus médicos, se embarca rumbo a Paraguay. Perón era Coronel Honorario del ejército paraguayo y ese viaje era en agradecimiento a la hospitalidad del presidente Stroessner que, al facilitar la cañonera Humaitá que estaba siendo reparada en Buenos Aires, permitió que Perón saliese del país con vida tras su derrocamiento, el 16 de septiembre de 1955. Este viaje habría de ser letal. Se lo traslada en avión hasta Formosa, de ahí al barreminas argentino Neuquén que lo lleva a Asunción en donde hacía mucho calor. Hay profusión de homenajes bajo la lluvia con cambio de clima entre lo vaporoso del exterior y el frío seco de las salas con aire acondicionado a pleno.

A su regreso, en la tarde del 7 de junio, se lo ve desmejorado. En un momento, el doctor Cossio, que había acompañado en el viaje al presidente, le comenta a Taiana: *"Conducen al General a la muerte"*.

En menos de un mes, su profecía se vería cumplida.

El 12 de junio, ante una concentración popular, Perón hace conocer su enojo hacia los *"enemigos que han comenzado a mostrar sus uñas"*. Se lo ve decaído. *"Llevo en mis oídos la más maravillosa música que para mí es la palabra del pueblo"*, dice al cerrar su discurso durante esa fría tarde. No sabe que ésa iba a ser la última vez que hablaría desde el emblemático balcón de la Casa Rosada.

Un comunicado de la Secretaría de Prensa y Difusión indica que el Presidente *"se encuentra afectado por un estado gripal por lo que desarrolló sus actividades habituales en Olivos"*.

El sábado 15 de junio, la vicepresidenta María Estela Martínez de Perón y José López Rega parten de viaje hacia Europa. La agenda marcaba España, Suiza e Italia con una reunión entre el Papa Pablo VI y la señora de Perón.

Aparecen entonces dolores en el pecho (precordialgias) que se mantienen hasta el 18 de junio. Ese día se le hace un electrocardiograma que demuestra que el paciente había sufrido un pequeño infarto de miocardio que se vio complicado con signos de "encharcamiento pulmonar" moderado, tos y expectoración mucosa. A los medios se les dice que el Presidente padece una bronquitis. En realidad hay una insuficiencia cardíaca con signos de edema pulmonar, anota Taiana en su libro.

Cossio y Taiana toman la determinación de hablar con Isabel y con López Rega para pedirles que vuelvan al país de inmediato. El que primero lo hace es el ministro de Bienestar Social que llega el 20 de junio. Ese mismo día, concede una entrevista a Canal 7. Es una operación de prensa típica destinada a ocultar la dramática situación que atravesaba el Presidente.

"Periodista: *Nos gustaría saber también cómo está de salud el señor Presidente.*

"Sr. Ministro: *Está perfectamente, lo único que tiene es un resfrío parecido al mío, pero ya anda bien: tan es así que me ha preparado una serie de tareas. Me he enterado, al llegar, que la gente está preocupada y se ha desatado una ola de rumores al respecto.*

"Periodista: *Así es, han habido muchos comentarios a nivel de la calle; por un lado se habla de cambios en el gabinete, por otro lado que su regreso obedece a que el señor Presidente no anda bien de salud.*

"Sr. Ministro: *No hay tal regreso apresurado ni nada de eso que usted me dice. Ya en Roma, los periodistas me hicieron preguntas;*

se habló del Ministerio de Trabajo, pero yo no sabía absolutamente nada: todo es infundado.

En cuanto al señor Presidente, reitero que sólo tiene un pequeño resfrío y ningún otro problema."

Ese 20 de junio, en una reunión de gabinete, se decide que López Rega actúe como ministro coordinador.

El 26 de junio el cuadro clínico de Perón se agrava nuevamente. Durante ese día y el 27 hay un cuadro de arritmia cardíaca con extrasístoles supraventriculares y un desmejoramiento del estado del paciente. EL 27 Perón realiza una serie de tareas mínimas, entre ellas la de la aceptación de la renuncia de Héctor Cámpora a su cargo de embajador argentino en México. Perón firma este decreto en la cama y, según testigos, lo hace manifestando un enorme disgusto hacia la figura del ex-presidente. Ese decreto será el último que firmaría en su vida.

El 28 de junio la situación empeora. A las 13.55 se le diagnostica un edema agudo de pulmón del cual se recupera. El electrocardiograma y los análisis de enzimas indican un nuevo infarto agudo de miocardio de ubicación anteroseptal, según registra puntualmente Taiana.

A todo esto los comunicados de la Secretaría de Prensa y Difusión siguen desinformando a la población. El 27 de junio se dice que *"su estado gripal persiste y le ha afectado la laringe"* y que *"tan pronto desparezca la molestia en la laringe, el teniente general Perón aplicará su nueva modalidad de trabajo en Olivos, recibiendo un día a los ministros y otro a los secretarios de Estado, en tanto dure su convalecencia del estado gripal que lo aqueja desde la semana anterior"*.

López Rega vuelve a hablar a través de un reportaje que se difunde profusamente por los medios oficiales, la radio y la televisión.

"Periodista: *Señor ministro, vemos que ud. también está engripado.*

"Sr. Ministro: *Efectivamente, en esta casa parece que entró la gripe con fuerza y no nos quiere dejar. Sabemos que la gente está preocupada, sobre todo por la salud del general Perón. Él tiene una tendencia, cuando toma una afección de esta naturaleza, a que le dure mucho tiempo, y parece que en esta oportunidad ha sido tan fuerte que hasta a mí, que soy bastante resistente a estas cosas, se me ha contagiado. Tan es así, que el señor Presidente y yo nos levantamos para atender a los ministros y luego de resolver las distintas tareas, cada uno se reintegra a su respectivo dormitorio. El General está bastante recuperado, gracias a Dios, pero esto todavía le va a durar una cantidad de días durante los cuales no podrá desempeñar las tareas normales, porque cualquier golpe de aire lo puede volver a afectar."*

Pero mientras se perpetraba el engaño a la población con estas mentiras, la debacle se precipitaría.

La estrategia del poder para encubrir la irresistible marcha de Perón hacia la muerte fue analizada, un cuarto de siglo más tarde, en un libro poco conocido escrito por el historiador y periodista Andrew Graham-Yooll, titulado *Agonía y muerte de Perón.**

Graham-Yooll, que había tomado a su cargo la información sobre la enfermedad de Perón en el diario de idioma inglés *Buenos Aires Herald*, contaba con una gran experiencia como periodista, pero no dejó de sosprenderse ante las presiones a las que está sometido un jefe de Estado cuando se enferma.

"La presión está ejercida no tanto por los grandes temas de Estado como por el círculo de sus colaboradores más inmediatos, aún cuando esos asesores digan y hagan todo lo posible por negar la existencia de presión alguna", afirma Graham-Yooll.

La cuestión de la enfermedad, por su misma gravedad, fue un buen ejemplo de las presiones crecientes que se ponen en juego en estas ocasiones.

---

* Graham-Yoll, Andrew. Agonía y muerte de Perón, Lumiere, Buenos Aires, 2000.

"Perón se esforzó por encontrarse en buen estado", agrega porque *"la mala salud es el peor enemigo de un hombre político en busca de respaldo"*.

En el mismo volumen sobre la enfermedad y muerte de Perón, el escritor Tomás Eloy Martínez subrayó *"la falsía, la ridiculez, la torpeza o la manipulación de los partes oficiales"* para referirse a los *"misteriosos pasos de la desgracia"*.

Y en la misma obra de Graham-Yooll, el periodista Rogelio García Lupo, que suministraba información sobre la Argentina a la prensa extranjera, recordó aquellos días aciagos, cuando *"la cortina de palabras, pretendía ocultar la resignada certeza del público de que Perón agonizaba"*.

"Vivimos aquellos días —escribió— con el mismo instinto para interpretar al revés la palabra oficial" cuando *"los partes médicos, escritos por no-médicos, contrastaban con los testimonios escritos por los médicos y desconocidos por el público hasta convertir la lectura del conjunto en una pieza literaria sarcástica."*

El 28 de junio se produce el regreso anticipado de la señora de Perón. Ese mismo día se emite el primer comunicado médico firmado por los doctores Cossio y Taiana que expresa: *"El excelentísimo señor Presidente de la Nación padece desde hace 12 días una broncopatía infecciosa que por su intensidad ha repercutido sobre su antigua afección circulatoria central. Se aconseja proseguir con reposo absoluto y asistencia médica a fin de cubrir cualquier eventualidad"*.

Esa noche Cossio y Taiana duermen en la Residencia de Olivos.

El 29 hay algún moderado alivio en la sintomatología anginosa del paciente. Por la mañana, se decide que Perón debe delegar el mando. El acto de traspaso se realiza al lado de la cama de Perón que tenía dificultades para estar sentado.

Los comunicados de la presidencia siguen engañando a la población. Así el comunicado 184 de la Secretaría de Prensa y

Difusión manifiesta que *"es un deber informar a la población, ante contradictorias versiones respecto de la salud del teniente general Juan Domingo Perón, que su afección ha experimentado una sensible mejoría en las últimas horas".*

El domingo 30, a las 8 de la mañana y tras haber pasado la noche en la Residencia Presidencial, Cossio y Taiana firman el segundo parte médico sobre la salud de Perón. La contradicción con el comunicado de la Secretaría de Prensa surge clara: *"En las últimas 24 horas el señor teniente general Juan Domingo Perón no ha experimentado sensibles modificaciones. El paciente prosigue en reposo absoluto y constante tratamiento médico".*

Ese mismo día, a las 18.30, se pronuncia el tercer comunicado médico de Cossio y Taiana: *"En las últimas 24 horas el señor teniente general Juan Domingo Perón ha experimentado una favorable evolución de su cuadro clínico. Continúa en reposo y tratamiento médico".*

Los médicos deciden pasar nuevamente la noche en Olivos. Será la última. Es una mala noche. El paciente está desasosegado. A las 3.30 del 1 de julio aparecen extrasístoles ventriculares en salva. Esto pone al Presidente en una situación de sumo riesgo.

A la mañana de ese día 1 de julio la vicepresidenta a cargo del Poder Ejecutivo da comienzo a una reunión de gabinete. A las 10.25 se escuchan gritos desesperados desde el primer piso. Es la enfermera Zulema Fernández de Corti que le pide a Taiana que suba de inmediato al dormitorio del Presidente. Taiana acude de inmediato. Lo encuentra a Perón con una gran dificultad respiratoria, semi sentado en la cama y cianótico. Su voz ronca apenas se escucha: *"...Doctor, me voy de esta vida... esto se acaba... mi pueblo... mi pueblo".* Son sus últimas palabras. Perón ha sufrido un paro cardíaco. Las maniobras de reanimación son desesperadas. *"Cama horizontal, torso desnudo, medicación y todas las medidas de reanimación: respiración artificial boca a boca, y masaje cardíaco preesternal, enérgico y rítmico. Todos participamos por turno y afanosamente"*, evoca Taiana en su impresionante testimonio.

En esos momentos López Rega, que había ingresado a la habitación junto con Isabel y otra gente, toma a Perón por los tobillos y comienza a sacudirlo mientras dice: *"Faraón, siempre le dí mis energías. Volvamos como antes".*

Perón sale de este primer paro cardíaco pero a las 12.15 hace un segundo paro del cual ya no saldrá.

A las 12.30 los médicos que lo tratan, firman el siguiente comunicado: *"El señor teniente general Juan Domingo Perón ha padecido una cardiopatía isquémica crónica con insuficiencia cardíaca, episodios de disritmia cardíaca e insuficiencia renal crónica, estabilizadas con el tratamiento médico.*

"En los siguientes días sufrió agravación de las anteriores enfermedades como consecuencia de una broncopatía infecciosa.

"El día 1 de julio, a las 10.25, se produjo un paro cardíaco del que se logró reanimarlo, para luego repetirse el paro sin obtener éxito a pesar de haber utilizado todos los medios de reanimación de que actualmente la medicina dispone.

"El teniente general Perón falleció a las 13.15.

"Firman: Doctores Pedro Cossio, Jorge A. Taiana, Domingo Liotta, Pedro Eladio Vázquez."

Los funerales de Perón convocaron a multitudes que desfilaron ante su féretro en el Congreso de la Nación. Luego de tres días de honras fúnebres, sus restos fueron depositados en la capilla de la Residencia de Olivos. Tras su muerte, el panorama político del país cambiaría bruscamente. Algunos ministros, advertidos de esos cambios y de la creciente influencia de López Rega, renunciaron casi de inmediato. Entre ellos estuvieron el ex-vicepresidente Vicente Solano Lima y Jorge Taiana, ministro de Educación. El aumento paulatino y luego desmedido de poder de López Rega terminaría de acentuar los perfiles violentos de esa década. El nacimiento de la Triple A (Alianza Anticomunista

Argentina) marcó el modo de accionar de este hombre temible que ejerció durante casi un año el verdadero poder. La ineptitud de Isabel atrajo una crisis de progresiva envergadura que culminaría con su derrocamiento y la instalación de la dictadura más cruel de la historia del país.

El diagnóstico de los médicos de Perón, que le desaconsejaron aceptar la presidencia, no había merecido la valoración política adecuada ni de Perón ni de su entorno. Y sus consecuencias las sufrió todo el país.

Capítulo Seis

Eduardo Lonardi
Hoy una promesa, mañana...

"El 23 de setiembre de 1955 estaba esperando a mi padre en el Aeroparque. Era un día esplendoroso, y el avión que lo traía brillaba en el cielo con los reflejos del sol. Aterrizó. En un costado, pintado toscamente, se leía 'CRISTO VENCE'. Yo estaba alegre y excitada. Cuando se abrió la portezuela de la máquina y apareció mi padre supe que moriría muy pronto. Profundamente dolorida me abrí paso para abrazarlo, y mientras él caminaba muy lentamente entre el gentío que lo aclamaba, me escondí, ya ni sé donde, y lloré porque la revolución lo había matado."

Marta, la hija del general Eduardo Lonardi, culpaba al poder, con estas palabras, por la muerte de su padre.

La así llamada Revolución Libertadora selló su triunfo en la mañana del 21 de septiembre de 1955 cuando, a las 9.58, la Junta Militar que había asumido el poder en reemplazo del renunciante general Juan Domingo Perón, hizo conocer, a través de Radio del Estado y la Cadena Nacional de Radiodifusión, el siguiente comunicado:

"De acuerdo con los resultados de la entrevista sostenida en el crucero 17 de Octubre entre los señores representantes del Comando Revolucionario de las Fuerzas Armadas, contralmirante don

Isaac F. Rojas, y el general de brigada don Juan José Uranga, y los señores representantes de la Junta Militar, general de ejército don Emilio Forcher, general de división don Ángel J. Manni, general de división don José C. Sampayo y general de brigada auditor don Oscar R. Sacheri, se ha llegado a la siguiente resolución: 1) Acéptase la renuncia del Presidente de la Nación, vicepresidente y todos los miembros de su gabinete; 2)El Jefe de la Revolución, señor general de división don Eduardo A. Lonardi, asumirá el gobierno provisional de la Nación el día jueves 22 de setiembre a las 12 horas. A tal efecto arribará por vía aérea al aeropuerto de la ciudad de Buenos Aires a las 11 horas, donde será recibido por el delegado de la Junta Militar".

Concluían así cinco jornadas de enorme tensión que habían tenido su epicentro en Córdoba para después extenderse a todo el país. Culminaba para Lonardi un período de cuatro años, desde el momento en el que decidió expresar su oposición al gobierno de Perón renunciando a su cargo de comandante del Cuerpo I de Ejército en 1951. Durante esos cuatro años, las idas y venidas en torno de un movimiento para desplazar al peronismo del poder habían sido una constante entre los sectores opuestos a Perón. El país se encontraba en medio de una realidad política de gran turbulencia. La intolerancia política era feroz. Los episodios del 16 de junio de 1955 habían mostrado hasta dónde podía llegar la barbarie en medio de un clima de tamaña incomprensión. El bombardeo criminal sobre la Plaza de Mayo con el objeto de matar a Perón y la posterior respuesta del gobierno dando origen a la quema de las iglesias, constituyen una muestra de esa intolerancia.

Es precisamente en este marco que Lonardi utiliza el lema *"Ni vencedores ni vencidos"*, que se proclama en el momento del comienzo de la Revolución. Era una emulación de aquel otro utilizado por Urquiza luego de Caseros. Era una utopía de

Lonardi que, junto con su presidencia, sería demolida por la realidad en muy corto tiempo.

Lonardi intentó mantener la vigencia de las libertades políticas y sindicales. Se reunió durante su breve mandato con el secretario general de la CGT, Hugo Di Pietro, quien terminó renunciando a su cargo el 5 de octubre de 1955. Pero, a pesar de éstos y otros gestos tendientes a sostener esta pluralidad, el nivel de obediencia a la autoridad de Lonardi era escaso. Hubo detenciones ilegítimas por parte de la Comisión Nacional de Investigaciones que no tenía facultades para tales cometidos. Lonardi intentó oponerse a ello. Llegó a dar órdenes para que ese accionar cesara. No fueron cumplidas.

La trama destinada a desplazarlo del poder comienza a urdirse a poco de instalado el gobierno provisional de facto. Se habla del entorno de Lonardi y se lo corporiza en la persona de Clemente Villada Achával, su cuñado. La idea que se extiende es la de un Presidente débil, afectado en su salud, que es manejado por su asesor a la manera de un títere.

Lonardi decide hacer frente a quienes quieren imponerle a la Revolución Libertadora un claro sesgo antiperonista. Dicta entonces el decreto por el que se ordena que la Comisión Nacional de Investigaciones traslade todo su material a la justicia. Se le ordena al coronel Carlos Eugenio Mori Koenig que disuelva los grupos civiles, verdaderas fuerzas parapoliciales. Para completar todo esto, se dicta el decreto del 12 de noviembre de 1955 por el cual se desdobla el Ministerio del Interior del de Justicia. A cargo del Ministerio del Interior es designado el doctor Luis María de Pablo Pardo. Al doctor Eduardo Busso, que estaba a cargo de la cartera conjunta, se le ofrece el Ministerio de Justicia. Al no aceptar tal designación, es nombrado en su lugar el doctor Bernardo Velar de Irigoyen.

Consciente de las dificultades del momento y en pos de sostener su gobierno, Lonardi hace un llamamiento a la buena voluntad de sus colaboradores:

"Ante el honor y el peso de semejante responsabilidad histórica se sobrecoge mi espíritu y sólo atino a pedir a mis colaboradores —a los más encumbrados y a los más modestos— y a todos mis conciudadanos que me ayuden a resolver los problemas de la Patria, que no planteen dificultades que puedan superar con buena voluntad, que se excedan a sí mismos en sacrifico y comprensión...".

Pero todo fue en vano.

El 12 de noviembre, por la noche, el general Lonardi cenaba con su familia y con el doctor Horacio Morixe y su esposa Ada. En forma sorpresiva, alrededor de las once, llegaron a la quinta presidencial de Olivos varios jefes y oficiales. Tenían como objetivo presentar una petición en representación de las Fuerzas Armadas.

Lonardi se sorprendió y decidió atender a los visitantes en el salón principal de la residencia. Había ministros y jefes superiores de las Fuerzas Armadas junto con algunos altos funcionarios de la presidencia. La tensión se agudizaba. Lonardi estaba lejos de imaginar el requerimiento del cual iba a ser objeto. El Presidente provisional estaba sentado en el centro del salón. A su lado estaban los ministros militares, coronel Ossorio Arana, almirante Hartung y brigadier Abrahín. Rodeándolo se sentaron el secretario general de la presidencia, coronel Emilio Bonnecarrere; el jefe de la Casa Militar, coronel Bernardino Labayrú; los generales D'Andrea, Huergo, Videla Balaguer y Dalton; los contralmirantes Toranzo Calderón y Rial y el jefe del Regimiento de Granaderos, teniente coronel Alejandro Agustín Lanusse.

El requerimiento fue claro. Se demandaban las renuncias del mayor Guevara y de Clemente Villada Achával, asesores de la presidencia; del general Uranga, ministro de Transportes, y del doctor Luis María de Pablo Pardo, ministro del Interior. El fundamento de esta demanda tenía que ver con una inquietud producida por *"...el carácter netamente nacionalista que tomaba el gobierno, no sólo por las designaciones recaídas en personas de esa tendencia, sino también por el contenido del comunicado dado al país por el general Lonardi ese mismo día, el 12 de noviembre de 1955...".*

El malestar de las Fuerzas Armadas se expandía y abarcaba también a la Junta Consultiva, integrada por civiles y a la Corte Suprema de Justicia que amenazaba con renunciar.

Así planteadas las cosas, Lonardi no duda y ofrece su renuncia. Se le aclara que no era eso lo que se buscaba. Lonardi volvió a manifestar claramente que de ninguna manera estaba dispuesto a aceptar esos condicionamientos y procede a hacer la defensa individual de cada uno de los funcionarios cuestionados. Habla durante una hora y 45 minutos.

Al término de su exposición, toma la palabra el contralmirante Arturo Rial, que hace mención a que el problema importante tenía que ver con tres puntos esenciales, a saber: primero, la creación de una Junta Militar, integrada por tres ministros pertenecientes a la Fuerzas Armadas, para que compartiera con el presidente las responsabilidades de gobierno; segundo, la intervención de la Confederación General del Trabajo y que se siguiera una política enérgica con el elemento obrero y tercero, la disolución inmediata del Partido Peronista.

Lonardi rechaza los tres pedidos. Respecto de la disolución de la CGT, dice: *"A cañonazos no conseguirán nada más que exacerbar a los obreros y fortalecer al peronismo, en forma tal que no sería extraño que dentro de seis meses estuviera nuevamente Perón en el gobierno o una guerra civil asolara el país".* Y con respecto al justicialismo, expresa: *"Sería un procedimiento muy poco hábil, desde el punto de vista de la vida democrática, poner al movimiento peronista en la clandestinidad y robustecerlo con la persecución".*

En tanto estos hechos se desarrollan en la residencia de Olivos, en el Congreso avanzaba la trama de la conspiración contra Lonardi. Ese día, 12 de noviembre, sábado, se produce una inusual reunión de la Junta Consultiva. La preside el vicepresidente provisional de la Nación, contralmirante Isaac F. Rojas. La reunión de la Junta comienza a las 18.55. Todo es secreto confidencial. La intriga se incrementa. Preside el almirante Rojas y están presentes 17 de los 19 miembros de la Junta. Faltan dos: Américo Ghioldi, que estaba en Montevideo, y Miguel Ángel Zavala Ortiz que estaba en Córdoba. Hay un cuarto intermedio a las 23.30. A esa hora ya había trascendido el tono de preocupación que inspiraba la reunión en torno de lo que se visualiza como un desvío del gobierno de Lonardi del programa pautado por la Revolución. A las 0.15 del domingo 13 se reanudan las deliberaciones, ahora ya con la presencia del profesor Ghioldi recién llegado de Montevideo. A la 1.23 el contralmirante Rojas se retira. Queda presidiendo la reunión la doctora Alicia Moreau de Justo, vicepresidenta de la Junta. A las 2.35 sus miembros renuncian en pleno.

Mientras tanto, en Olivos, la trama del desplazamiento de Lonardi avanza. El desasosiego gana la noche. Lonardi está a punto de irse a dormir, tras la primera reunión, en la que rechaza los pedidos del grupo que se rebela contra su autoridad, cuando una segunda comitiva lo importuna. Están ahí el ministro de Transportes, general Uranga, el general Imaz, el general Bengoa, el capitán Daniel Alberto Correa, Ernesto y Eduardo Lonardi, hijos del Presidente, y Manuel Villada Achával. Allí los jefes militares le piden a Lonardi que autorice operaciones tendientes a neutralizar los movimientos de los que pretenden rebelarse en su contra. Le advierten del golpe de palacio que se estaba gestando. Esta segunda reunión dura tres horas y media. Lonardi rehúsa conceder la autorización que le demandan y decide esperar hasta las 19 de ese día para reconsiderar su actitud.

A esa hora Lonardi está agotado. Su salud era débil y el stress de la gestión se hacía sentir en su organismo. Tan fatigado está que el doctor Villada Achával decide no prolongar más la reunión. Y es por eso que no insiste en que se considerase un punto que para él era fundamental: había necesidad de tomar medidas urgentes para frenar la insurgencia en ciernes. Pero lo ve a Lonardi tan agotado que duda y no insiste. Es una duda fatal.

El Presidente se va a acostar y, para asegurase un buen sueño, toma dos pastillas para dormir. Pero el sueño habría de ser corto. A las dos horas es despertado por los ministros militares que se hacen presentes, otra vez, en la residencia de Olivos. Lonardi se viste a las apuradas y sale hacia el salón en donde había tenido lugar la última reunión. Iba bajando de su dormitorio cuando se encuentra, al pie de la escalera, con sus ministros. El coronel Ossorio Arana le sale al paso y, tras saludarlo, le dice: *"Señor general: debo manifestarle, en nombre de las Fuerzas Armadas, que ha perdido su confianza y exigen su renuncia. Otorgan sólo cinco minutos para presentarla. Vencido ese plazo se adoptarán medidas de fuerza y habrá derramamiento de sangre".*

En su libro *Mi padre y la Revolución del '55*, Marta Lonardi afirma que el General no demoró un segundo en responder: *"Vea Ossorio: puede anunciar al Ministerio que me dispongo a presentar la renuncia".*

Se le pide a Lonardi, pues, la renuncia escrita. Y él acepta redactarla. Fue entonces que un miembro de su familia, el doctor Villada Achával lo insta, con firmeza, a que no la presente.

"Nadie que le aconseje presentar la renuncia obra como amigo suyo. Usted, señor General, ha sido víctima de una verdadera confabulación."

Lonardi, enterado por Villada Achával de los hechos que se habían producido en el Congreso, revisa su posición. Es así que, cuando los ministros que le habían ido a pedir la dimisión se estaban yendo, Lonardi les grita: *"¡Y que sepan que no renuncio! Ustedes me echan".*

Ese mismo día, decide ir a la Casa de Gobierno a retirar sus pertenencias. Es un viaje azaroso porque llega a Balcarce 50 a la misma hora en que el general Pedro Eugenio Aramburu se dispone a jurar como nuevo Presidente provisional. Debe hacer malabares para que lo dejen entrar. La tensión y la molestia impregnan los ánimos. Algunos temen que se lo detenga. De vuelta en Olivos, el general Lonardi emite un comunicado para desmentir su renuncia. El comunicado informa:

"Comunico al pueblo que no es exacto que haya presentado mi renuncia al cargo de Presidente provisional, o que mi salud tenga algo que ver con mi retiro de la Casa de Gobierno.

"El hecho se ha producido exclusivamente por decisión de un sector de las Fuerzas Armadas."

Sólo el *Buenos Aires Herald* lo publica. El resto de los diarios de Buenos Aires lo ignora.

El gobierno le responde ese mismo día. Lo hace a través de un comunicado emitido a las 16.45:

"La crisis reciente del gobierno provisional se ha debido exclusivamente a la presencia, en el seno del mismo, de grupos influyentes en el espíritu del general Lonardi, que orientaron su política hacia un extremismo totalitario, incompatible con las convicciones democráticas de la Revolución Libertadora, los cuales consiguieron apoderarse, ante el estupor de la sana opinión revolucionaria, de puestos claves en la conducción del país".

Lonardi sufría de hipertensión arterial. Era una enfermedad que lo aquejaba desde muchos años antes a 1955. En algunas ocasiones había tenido cuadros severos que originaron hemorragias nasales (epistaxis) que obligaron a un tratamiento enérgico. Además, presentaba como antecedente una úlcera estomacal detectada en la época en que tuvo como destino la agregaduría militar en Santiago de Chile. Fue en los años treinta, cuando reemplazó al entonces mayor Perón, involucrado en una historia de espionaje sobre los planes militares de Chile, que le costó la expulsión a Lonardi.

El cuadro de hipertensión lo había obligado, incluso, a internarse en el Hospital Militar Central para realizarse un chequeo médico y una puesta a punto de su tratamiento. Su diagnóstico era de hipertensión arterial de tipo nervioso por lo cual el doctor Ernesto A. Rottger, que era su médico personal y también ministro de Salud Pública, le había indicado un régimen de vida que debía contemplar un alto en sus actividades entre las 13 y las 16 horas. Es claro que este régimen fue de muy difícil cumplimiento para el paciente en ese momento de su vida. Los episodios de la Revolución y de la posterior presidencia producen situaciones de estrés que alteran el tratamiento que se le prescribe a Lonardi. Y su organismo siente el impacto. De ahí la mala impresión que su aspecto le había causado a su hija el día que llegó de Córdoba para hacerse cargo del gobierno.

Producida su renuncia, decide viajar a los Estados Unidos con el fin ponerse en tratamiento con una nueva droga que estaba en fase de experimentación por el doctor Eduardo Freis, jefe de cardiología del hospital de la Universidad de Georgetown. Allí es atendido por los doctores Francis Foster y Manuel Martínez. La partida se produce el día 29 de noviembre de 1955 a bordo del Río Tunuyán. Lo acompaña su esposa Mercedes Villada Achával. El viaje resulta accidentado por factores políticos y de salud. A los cinco días de la partida, cuando estaban arribando a Venezuela, se entera de que una comisión policial allanó su domicilio, cosa que ni Perón había hecho. El hijo del general Lonardi, Luis Ernesto, echa a esa comisión a punta de pistola. Llamativamente, unos días antes, el General sufre un cuadro de intoxicación alimenticia severa con fiebre, náusea y vómitos. Lo extraño es que es el único pasajero del buque afectado por una intoxicación.

Arriba a Nueva York y desde allí marcha a Washington: tras su consulta en el Hospital Universitario de Georgetown comienza a realizar el tratamiento instituido por el doctor Freis.

En paralelo, se lo somete a un minucioso examen médico con análisis de laboratorio y estudios radiográficos. A través de ellos, se le detecta un nódulo pequeño en la parte posterior de la uretra. Esto obliga a realizar una intervención quirúrgica a los efectos de tomar material para un estudio histoanátomo patológico. La intervención quirúrgica se realiza el 13 de enero de 1956. El cirujano es el doctor Baker. La operación fue exitosa ya que los estudios indican que la afección no es maligna. Pero el posoperatorio se hace doloroso y conlleva una complicación que sería altamente detrimental para la salud de Lonardi. Ya de alta y en plena convalecencia, sobreviene una infección sobre la herida no cicatrizada. El cirujano, que no es un especialista en el manejo de los antibióticos, no consulta con ningún infectólogo e indica una dosis alta de cloromicetina.

Lonardi sufre ahora los efectos adversos del antibiótico que altera y daña su flora intestinal. Esto le acarrea un severo deterioro físico. Ante este cuadro, los médicos que lo tratan en los Estados Unidos le aconsejan adelantar la vuelta a Buenos Aires a fin de encontrarse en un ambiente afectivo que favoreciera su recuperación.

Este regreso adelantado de Lonardi motiva una gran inquietud en el gobierno del general Aramburu. Por consiguiente, hay órdenes para que se lleven adelante gestiones tendientes a disuadir a Lonardi de su regreso. Así, el embajador argentino en los Estados Unidos, doctor Adolfo Vicchi, le hace saber que tiene la misión de ofrecerle el cargo de embajador de la República en el país que él quisiera. Lo tientan con Madrid y con Washington. Lonardi rechaza el ofrecimiento. Es entonces el turno del teniente coronel Juan José Montiel Forzano quien viaja a Washington para informarle que el gobierno de la Revolución Libertadora no creía conveniente su vuelta. Pero Lonardi no varía su posición, y hace saber a su yerno, el doctor José Alberto Deheza, que se radicaría en Uruguay si Aramburu y Rojas le impidiesen volver a la Argentina.

Es un momento muy difícil para Lonardi que se halla enfermo y con escasos recursos económicos. La situación le causa una profunda angustia que hace que los médicos que lo tratan aconsejen a su familia asegurarle un entorno de tranquilidad al paciente al que encuentran en un estado de colapso.

Finalmente, Lonardi llega a Buenos Aires y no hay ningún problema. Poca gente lo va a esperar a Ezeiza. Quienes lo reciben lo ven desmejorado. Está muy delgado y pálido. Sus amigos presagian el final.

Del aeropuerto se dirige a su casa de la calle Juncal en donde un grupo de sus simpatizantes pide que les dirija la palabra. Lo hace desde el balcón del piso de una familia amiga, los Fernández Saralegui. Se instala un sistema de altoparlantes que es desactivado por emisarios secretos del gobierno. Lonardi pronuncia unas pocas palabras con una voz velada y casi inaudible. Pocos son los que pueden escuchar algo. Habrán de ser sus últimas palabras en una aparición pública.

El 22 de marzo de 1956, es internado de urgencia en el Hospital Militar Central. El cuadro de hipertensión arterial vuelve a hacer crisis. Será la última. Aparece una complicación aguda: un derrame cerebral que terminará con su vida. Para el gobierno de la Revolución Libertadora, sin duda, un alivio.

CAPÍTULO SIETE

Roberto Eduardo Viola
El infarto que no fue

Su acceso al poder fue un remedo del absurdo. Para evitar los personalismos, el así llamado Proceso de Reorganización Nacional —pomposo nombre con el que se bautizó a la dictadura más brutal que tuvo la historia de la Argentina—, estableció la rotación de quien se desempeñara como Presidente de la Nación por un período de tres años. Y, en un intento de parodiar un comicio, la designación de ese militar a cargo de la primera magistratura del país debía provenir de una "elección" producida en el seno de la Junta Militar, organismo supremo del poder. Así las cosas se llegó a la instancia fijada por los reglamentos del Proceso para designar al nuevo Presidente. Por lo tanto, la Junta se reunió y votó. Sus integrantes eran el Comandante en Jefe del Ejército, teniente general Roberto Eduardo Viola, el Comandante en Jefe de la Armada, almirante Armando Lambruschini y el Comandante en Jefe de la Fuerza Aérea, brigadier general Rubens Grafigna. Allí se impuso el nombre de Viola por dos votos a favor contra uno. El voto en contra fue el de la Marina que prefería para ese cargo al general Leopoldo Fortunato Galtieri. Por lo tanto, con ese fallo dividido, quedó designado como nuevo Presidente el teniente general Roberto Eduardo Viola que era Comandante en Jefe del Ejército. Está claro que Viola se votó a sí mismo. Sin ese voto no hubiera ganado la "elección".

De las muchas particularidades que tuvo ese procedimiento hubo una que iría a esmerilar fuertemente la figura del Presidente designado. Fue el tiempo de la transición, que duró ocho meses. Fue una muestra clara de la carencia total de *timing* político de toda esa camada de militares que se abalanzó sobre el poder. Esta larga transición le produjo al futuro Presidente un desgaste fenomenal. Tuvo que ser espectador de la etapa final de la gestión de José Alfredo Martínez de Hoz con quien no compartía en absoluto su política económica. Y éste, les dejó a sus sucesores un camino minado que establecería una profunda crisis económico social que socavaría rápidamente el poder del nuevo mandatario. Aquella Argentina era, otra vez, un país paradojal. La época de la plata dulce todavía estaba en el codo final de su esplendor. Los argentinos que podían viajar al exterior volvían maravillados con el poder adquisitivo de un peso totalmente sobrevaluado a expensas de un aumento constante de la deuda externa, algo que hasta entonces desconocía la sociedad.

La transición tuvo ribetes de gran enfrentamiento entre los que se iban y los que llegaban. Enfrentamientos e intrigas de corte palaciego ante una ciudadanía indiferente.

Aun así, y en medio de un ambiente caldeado, Viola no se privó de su luna de miel con el poder. Fue una luna de miel que vivió en carácter de Presidente designado. El episodio más resonante fue su viaje a Washington para entrevistarse con el Presidente de los Estados Unidos, Ronald Reagan. Hasta en este tema las cosas parecían serle más favorables a quien iría a suceder al general Videla. A éste le había tocado gobernar con la administración Carter, quien fue un fuerte crítico de las dictaduras latinoamericanas. La política de derechos humanos, apoyada por Washington, creó un enorme problema al gobierno militar entre 1977 y 1980. El advenimiento de los republicanos al poder prometía un cambio sustantivo en esta política hostil hacia los militares argentinos. El viaje de Viola lo confirmaba. El nuevo Presidente fue muy bien recibido por Reagan y su administración. Y lo fue tanto que en Washington hasta se pensó en nombrar a Viola como vocero ante la OEA de un nuevo consejo consultivo.

La transición había sido tormentosa. Estaba claro que Martínez de Hoz y su gente no acompañaban de ninguna manera el cambio de línea que auguraba el advenimiento de Viola. La Escuela de Chicago había encontrado en Videla un disciplinado seguidor de sus recetas económicas. Y así el país había visto crecer en forma inusual su deuda externa. Y junto con ella estaba la secuela, tantas veces vivida en la Argentina, producida por un sistema que aseguraba un dólar barato y un florecimiento de las actividades financieras a expensas de la producción nacional que crujía y sufría por esa situación. Las consecuencias eran claras: cientos de fábricas cerradas con su saldo de desempleo. Y, por otro lado, la burbuja en que vivía un sector de la sociedad que se paseaba por el mundo haciendo célebre el "deme dos".

Cumpliendo con los reglamentos del Proceso de Reorganización Nacional, Viola asumió la presidencia de la Nación el 24 de marzo de 1981. En otra verdadera parodia de "constitucionalidad", la asunción se hizo en el edifico del Congreso de la Nación con mucho boato y en medio de la total indiferencia de la sociedad. Era un día domingo y el interés de la población pasaba por la fecha del campeonato de fútbol.

Un comentarista de la época, con gran sentido de la premonición, indicó que luego de una tan larga transición, Viola ya se había gastado los cien días de gracia que todo gobierno tiene a su comienzo.

Viola expresó que no venía a liquidar el Proceso, pero todos los analistas ya sabían que tenía la intención de producir cambios en la política económica. No sólo eso, también se conocía que intentaría hacer cambios en la manera de encarar la administración. Videla hablaba del "gobierno y los objetivos de las Fuerzas Armadas"; Viola, en cambio, hablaba de "mi gobierno" y "mis decisiones".

Hubo en el gabinete de Viola una superabundancia de ministerios. Se dividió la cartera de Economía en cinco ministerios. Ellos fueron Hacienda y Finanzas a cargo de Lorenzo Sigaut, Obras y Servicios Públicos encabezado por el general Diego Urricarriet, opositor a Martínez de Hoz, Agricultura asignado a Jorge Aguado de la CARBAP, Industria y Minería con Eduardo Oxenford, de la Unión Industrial Argentina y también adversario de Martínez de Hoz, a su frente y Comercio e Intereses Marítimos con Carlos García Martínez como titular. Completaron el gabinete el vicealmirante Carlos Alberto Lacoste en Acción Social, el brigadier Porcile en Trabajo, Oscar Camilión, hombre no querido por gran parte del generalato, en la Cancillería, Carlos Burundarena en Educación y el general Horacio Tomás Liendo en Interior. Hubo también designaciones de hombres de algunas fuerzas políticas en las gobernaciones. Se quiso así dar la idea de un comienzo de apertura política.

Pero las cosas no marchaban bien en la economía. La devaluación fue una dura realidad. Comenzó siendo de un 30 por ciento pero continuó creciendo. La sensación térmica fue acelerando los procesos de deterioro. Era claro que el ministro Sigaut no aportaba la imagen de solidez que pudiera darle un respaldo de seguridad frente a las debilidades que afloraban por todos los sectores.

Por lo tanto hubo necesidad de continuar con el proceso de depreciación de la moneda. El 19 de junio, el ministro de Economía pronunció la frase con la que cobraría una triste fama en la posteridad argentina: *"El que apuesta al dólar pierde"*. De ahí en adelante la pérdida de poder y el deterioro del prestigio de Viola y su gobierno cayó bruscamente.

Las tensiones con la Junta y, especialmente, con el general Galtieri, ya por entonces Comandante en Jefe del Ejército, comenzaron a aflorar. Viola aspiraba a generar una apertura paulatina de la vida política del país. Galtieri no comulgaba para nada con esa idea. *"Las urnas están bien guardadas"* fue la frase con la que sentenció a muerte cualquier intento de reactivación de la vida política del país. Galtieri, además, como alguien dijo años después, tenía en mente ya tres guerras "Chile, Centro América y Malvinas".

Las turbulencias que comienzan a mostrarse, instalan dudas en Viola. Los ministros Camilión, Liendo y el asesor Rosendo Fraga aconsejan al Presidente pensar en el nombre de Roberto Alemann como reemplazo para el ministro de Economía. Viola lo rechaza. Los humores sociales comienzan a encresparse en contra del Proceso.

Para el disgusto de los duros comienzan a notarse signos de relajamiento en el férreo control social. Hay un atisbo de discusión en la prensa de temas tan delicados como el de la censura y el de la autocensura. Hay algunas manifestaciones de las Madres de Plaza de Mayo que van conquistando una dimensión mayor. Por lo tanto, Galtieri y compañía se embarcan en la tarea de generar un perfil de conducción del Ejército que aleje definitivamente a todos los que habían mantenido relación con el comienzo del Proceso. Se habla de una nueva generación de generales que buscan una revitalización de los principios doctrinarios del Proceso. Éstos se oponían a las concesiones que intentaba Viola para congraciarse con la sociedad.

En medio de este escenario se producían episodios que rozaban con el grotesco. Uno de estos episodios tuvo que ver con el tango "Cambalache" de Enrique Santos Discépolo, que fue objeto de una intensa polémica cuando se esparció el rumor de que su propalación estaba prohibida. Este rumor fue contrarrestado por el gobierno por medio de una orden para difundirlo en cuanta versión hubiera. Sin embargo los temas prohibidos existían y a partir de ahí muchos de ellos vieron la luz pública. Otro ejemplo que se recuerda de ese período es que, en algunas emisoras que controlaba el Estado, había una prohibición para pasar a Gardel acompañado de guitarras en algunas emisoras que controlaba el Estado. Lo mismo surgió en ocasión de la visita de Frank Sinatra, contratado por "Palito" Ortega, quien tenía buena llegada a la Casa Rosada. Se recuerda el show privado que dio en el Sheraton Hotel y una foto de Sinatra con Viola, en la cual el cantante le posaba su mano sobre los hombros. Esto dio origen a una curiosa discusión sobre si estaba bien o mal o si era correcto o no que alguien se fotografiara con el Presidente en esa pose. Todo marcaba un pronunciado deterioro de la imagen de Viola.

Los partidos políticos, alertados sobre este debilitamiento creciente del Presidente, deciden conformar la Multipartidaria política con la finalidad de forzar definiciones en el frente militar tendientes a poner plazos a su intervención en el poder. En respuesta, un grupo de oficiales retirados hace expresa mención de su preocupación por esta tendencia en una severa solicitada publicada en el diario *Clarín* del 5 de julio de 1981. Allí se decía que *"el país marcha por un rumbo equivocado y con riesgo de retornar a épocas que creíamos definitivamente superadas"* y pidieron la proscripción del peronismo.

El 9 de septiembre de 1981 muere Ricardo Balbín. Durante su entierro se incrementan las consignas críticas contra el Proceso. Esto inquieta al régimen. Como respuesta, el ministro del Interior, general Albano Harguindeguy, declara que la posibilidad de volver a la institucionalidad en 1984 es nula. Lo mismo expresa por esa misma fecha el general Galtieri en una entrevista de la revista brasileña *Veja*.

Los rumores de desacuerdo con el gobierno seguían en aumento. En los pasillos del poder todos los comentarios hacen alusión a una decisión de Galtieri de buscar el poder lo antes posible. La situación del gabinete de Viola también se deteriora. En agosto renuncia el ministro de Industria, Eduardo Oxenford. Sus logros habían sido nulos. Lo reemplaza Livio Khul, proveniente también del mismo sector industrial y con los mismos propósitos de su antecesor. Insólitamente, se despacha con un discurso en el cual critica fuertemente la política económica del gobierno del cual él mismo forma parte.

Viola trata de enmendar la situación. Le encarga un plan alternativo a Álvaro Alsogaray. Se entablan contactos también con Martínez de Hoz pero se insiste en la idea de una normalización de la vida institucional que llevaría años. A partir de ese momento sólo quedaba encontrar la oportunidad para desplazar al Presidente. Y esa oportunidad surgió, inesperadamente, el 20 de noviembre de 1981. Ese día, en horas del mediodía, el general Viola ingresa al Hospital Militar Central como consecuencia de una crisis hipertensiva. Su suerte estaba echada.

La hipertensión arterial es, tal vez, el problema de salud pública más importante en los países desarrollados. Se la define como un estado en el cual los valores de tensión o presión arterial son mayores o iguales a 150/90 milímetros de mercurio (en el conocimiento popular léase 15/9). La prevalencia de la enfermedad varía según la composición racial y el ambiente en el cual vive la persona. En la población blanca caucasiana que se utilizó para el estudio Framingham, se descubrió que casi un 20 por ciento presentaba valores superiores a 160/95 mm de HG.

La hipertensión arterial puede clasificarse en dos grandes grupos: hipertensión primaria, esencial o idiopática e hipertensión secundaria.

En la hipertensión primaria, queda claro que no hay una causa definida que origine el problema. En la hipertensión secundaria se agrupan los casos de hipertensión arterial que son efecto de otras enfermedades. Las más comunes son las enfermedades renales, las enfermedades endocrinológicas y una miscelánea de afecciones entre las que se cuenta la coartación de la arteria aorta.

Los efectos nocivos de la hipertensión arterial se manifiestan a nivel cardíaco, neurológico y renal.

A nivel cardíaco se observa un progresivo engrosamiento del ventrículo izquierdo. Esto, en los casos más severos y mal controlados, lleva a una insuficiencia cardíaca y, posteriormente, a un cuadro de insuficiencia coronaria. La mayoría de las muertes causadas por la hipertensión arterial se deben a insuficiencia cardíaca severa o a infarto de miocardio.

Desde el punto de vista neurológico, pueden observarse daños de la retina y del sistema nervioso central. En la retina, en los casos más extremos, pueden producirse hemorragias y exudados que a su vez causan alteración de la visión. En el sistema nervioso central, las manifestaciones clínicas van desde cefaleas en la región de la nuca, mareos, vértigo, tinnitus, hasta oclusión y hemorragias cerebrales. En el caso de la oclusión de las arterias esto derivará en infartos cerebrales y en el caso de las rupturas de las arterias cerebrales éstas generarán las hemorragias.

Los efectos renales son el resultado de la oclusión por esclerosis de las arteriolas renales. Éste estado, en algunos casos, se debe a un engrosamiento progresivo de la pared de dichas arteriolas que puede provocar insuficiencia renal.

El tratamiento de la hipertensión arterial depende de sus causas. En los casos secundarios a otras patologías, el objetivo es remover o tratar el cuadro de base que da origen a la hipertensión. En cambio, en los casos de hipertensión primaria, como no hay una causa clara, el tratamiento es fundamentalmente sintomático. Allí cuentan las drogas y el régimen higiénico- dietético. La disminución del stress, el régimen de comidas sin sal y la suspensión de aquellos hábitos que son concurrentes a la afección son elementos de importancia en su tratamiento. Uno de esos hábitos es el tabaquismo. Viola era un fumador empedernido.

El lunes 9 de noviembre Viola ingresa sonriente al Hospital Militar Central y es internado en las cómodas habitaciones del segundo piso, destinadas a los generales. Según reza la información oficial fue por consejo de su médico personal, el doctor José Raúl Balseiro, con el fin de someterse a un "examen de rutina" como consecuencia de un cuadro de hipertensión arterial. Así lo hace saber el parte médico que se difunde a las 20.30 de ese día, en el que se consigna que el control *"obedeció a un malestar transitorio exteriorizado en un cuadro de hipertensión arterial, el que ha evolucionado a su normalidad"*. Al día siguiente, tras haberse producido la normalización de la tensión arterial —se dice que en el momento de la crisis hipertensiva la máxima habría llegado a 220 mm de Hg— el Presidente se retira a la residencia presidencial. Lo hace a las 14.05 acompañado del secretario de Información Pública, general Raúl Ortiz, del jefe de la Casa Militar, contralmirante Moya, de su esposa Nélida y de su hijo Roberto.

Viola habrá de permanecer toda la semana en la quinta de Olivos con una actividad acotada a la firma del despacho diario. Es parte del reposo indicado como tratamiento.

Mientras tanto, en esa semana, hay reuniones de la Junta Militar que analiza, entre otros asuntos, los proyectos propuestos por el Poder Ejecutivo a la Comisión de Asesoramiento

Legislativo (CAL) sobre obras sociales así como la mediación papal por el conflicto sobre el Canal de Beagle. A su vez, la Junta Superior de Calificaciones sigue trabajando en la definición de los ascensos que determinarán los pases y retiros en el Ejército.

Durante los mismos días, se reúne la asamblea anual de los obispos que se dispone a escuchar a distintos economistas sobre su visión de la realidad mientras que los dirigentes de la Multipartidaria hacen conjeturas sobre la credibilidad o no de las informaciones concernientes a la salud del Presidente. Se sospecha de un autogolpe para desplazar a Viola.

El viernes 13 de noviembre, Domingo Cavallo es convocado por el general Liendo para acercar algunas ideas económicas que configurarán lo que después se denominará Plan Cavallo. Ese mismo viernes se implementan algunas de las medidas, lo que logra hacer bajar el precio del dólar mediante un requerimiento de control detallado al Banco Central de las operaciones hechas con la moneda estadounidense.

En la semana, Galtieri preside la reunión mensual con los generales de división mientras que en los medios se va anticipando el fin de la presidencia de Viola. Se destaca entre ellos el vespertino *La Razón* que comienza a subrayar diariamente la gravedad de la salud presidencial. En paralelo, un parte médico señala la agenda que marca el paulatino retorno del jefe de Estado al desarrollo de una actividad normal. Se informa que el lunes 23 de noviembre, "si todo sigue bien", volvería a la Casa de Gobierno.

Entretanto, el comunicado 4564 del Banco Central demanda detalles de las operaciones realizadas con dólares entre el 2 de septiembre y el 13 de noviembre. La baja del dólar continúa. La Iglesia presiona para que se acepte el laudo papal en el conflicto con Chile. El Jefe del Estado Mayor del Ejército, general Antonio Vaquero, pronuncia un discurso lapidario para todos aquellos que pudieron haber imaginado alguna posibilidad de retorno paulatino a la democracia. *"Ni ahora, ni en el futuro habrá revisión abierta o encubierta de lo actuado contra el terrorismo"* dice el general, para terminar sosteniendo que en cuanto a la duración del Proceso *"se empleará el tiempo necesario, ni más ni tampoco menos".*

El jueves 19 la actividad bancaria se suspende por falta de billetes. Y se llega así al 20 de noviembre de 1981. Ese día *"afectado por un cuadro de hipertensión arterial e insuficiencia coronaria"* se le prescribe al Presidente *"un nuevo período de reposo psicofísico".* Y se delega el mando en el ministro del Interior, general Horacio Liendo. El parte médico está firmado por el doctor José Emilio Burucúa, profesor titular de la V Cátedra de Medicina de la UBA, el doctor Albino Persio, director del curso superior de médicos cardiólogos de la UBA, el doctor Juan José Ryan, asesor del general Viola, el coronel médico José Balseiro, jefe del departamento médico del Comando en Jefe del Ejército, el mayor médico Enrique Garcilazo, jefe de cardiología del Hospital Militar Central y el doctor Félix Liceaga, jefe del servicio de Sanidad de la Presidencia de la Nación.

La incertidumbre colma los ánimos.

El sábado 21 se realiza el traspaso del mando presidencial.

Casualmente, el presidente de Brasil, general Joao Figueiredo, había sufrido un infarto agudo de miocardio en septiembre de ese año que lo había dejado 53 días fuera del gobierno. El diario *Jornal do Brasil* marca la coincidencia con una fotografía en la que aparece Figueiredo con un cigarrillo en la boca dándole fuego a Viola, con este epígrafe: *"Una escena que no se repetirá. Figueiredo y Viola, cardíacos, no pueden fumar más".*

Liendo, a cargo de la presidencia y consciente de que el tiempo se acaba, organiza un mini gabinete de economía. Lo integran Domingo Cavallo, el secretario de Hacienda Jorge Berardi y Egidio Iannella, presidente del Banco Central. Se toman una serie de medidas para frenar la corrida del dólar. En la columna política del diario *Clarín* del domingo 29 de noviembre se lee:

"...Los jefes militares de hoy no van a tirar a un Presidente por la ventana y aspiran, en cambio, a que la historia diga que al general Viola no lo ayudó su salud en la conservación del poder, aunque exista —claro está— la voluntad política de producir el cambio más allá de los avatares físicos del hombre que habita, rodeado de muy pocas personas, la casa presidencial de Olivos".

El 1 de diciembre, la Junta se reúne para tratar el tema de la salud del Presidente. Antes, Galtieri se encuentra con Videla, encuentro que origina variadas especulaciones, entre ellas la de que Galtieri le había pedido a Videla que intercediera ante Viola para facilitar su renuncia.

Viola es sometido a una cineangiocoronariografía para determinar el estado de sus arterias coronarias. Este estudio se realiza en el Sanatorio Güemes. El resultado indica que no hay impedimentos para que el general Viola continúe al frente del gobierno. Así se expresa en forma clara el doctor Burucúa. El 7 de diciembre la Junta se reúne nuevamente para analizar varios temas. Uno de ellos es la respuesta a la mediación papal. Pero en todos los sectores ya se da por descontada la caída de Viola. Hasta se rumorea el nombre de Roberto Alemann como nuevo ministro de Economía. Martínez de Hoz ha vuelto a la palestra para criticar duramente la situación económica cuya causa atribuye a los desvíos de la gestión Viola.

El miércoles 9 de diciembre se entrevistan Galtieri y Viola. Finalmente mantendrán tres reuniones durante tres días sucesivos. En uno de esos encuentros, primero a solas y luego en presencia de los generales Liendo y Martella, Viola le demanda a Galtieri una explicación de por qué se lo quiere remover del poder. Allí expresa que no tiene inconvenientes en dimitir siempre y cuando se expliquen a la opinión pública las reales razones de esa decisión. No hay acuerdo. Hay una última gestión del general Vaquero para que Viola renuncie.

EL viernes 11 de diciembre el fin se precipita. La Junta se reúne en el edificio Libertador. La deliberación comienza a las 9 de la mañana. A las 11 se incorpora el general Viola. El encuentro está signado por la tirantez. La Junta le comunica su decisión de removerlo del cargo de Presidente. Viola no acepta. No se da cuenta de que ya no tiene ningún poder para oponerse a la voluntad de la Junta de Comandantes en Jefe. Se retira entonces a Olivos. Es el adiós.

Liendo convoca a todos los ministros a una reunión en el salón de los Escudos del Ministerio del Interior. La reunión comienza a las 14.20.

A las 5 de la tarde de ese día, el secretario general del Ejército, general Iglesias informa que: *"La Junta Militar, como órgano supremo del Estado, vista la actual situación institucional y considerando que se han producido las razones de Estado para remover al Presidente de la Nación al que alude el artículo 2º del Estatuto para el Proceso de Reorganización Nacional, resuelve: Art. 1º: Cese como Presidente de la Nación Argentina el Señor Teniente General Roberto Eduardo Viola. Art. 2º: Desígnase Presidente de la Nación Argentina para el período 22 de diciembre de 1981 al 29 de marzo de 1984 al Señor Teniente General Leopoldo Fortunato Galtieri quien, con carácter de excepción a lo determinado por el Estatuto para el Proceso de Reorganización Nacional, retendrá el cargo de comandante en Jefe del Ejército".*

La caída de Viola es estrepitosa. Y tan humillante para él que ni siquiera la Junta le acepta el texto originario con el cual quería hacerla conocer a la opinión pública. En esa renuncia Viola hablaba de "trabas en el ejercicio del cargo". La Junta, en un acto despreciativo, le exige que cambie el texto original y le ordena que lo rehaga. El escrito debe ceñirse a las normas de los textos castrenses para pedir el pase a situación de retiro. Le dan un ultimatum para que haga efectiva su renuncia no más tarde de las 9 de la mañana del viernes 11 de diciembre de 1981. Viola acepta. Lo suyo, más que una renuncia, pareció una rendición.

La Argentina se parece al Titanic en busca de su iceberg. Con Galtieri en la cima del poder el iceberg está a la vista: será la cruenta guerra de las Malvinas.

CAPÍTULO OCHO

Carlos Saúl Menem
"Nadie muere en las vísperas"

Era una bella mañana de primavera en Buenos Aires. Una brisa fresca y un cielo claro resultaban una combinación perfecta. Era un momento de gran euforia para el gobierno en general y para el Presidente en particular. En efecto, las elecciones legislativas del domingo anterior habían significado un triunfo rotundo que era demostrativo de un claro apoyo a su gestión. En este contexto, el resultado clave había sido el triunfo del justicialismo en la Capital Federal. La lista de candidatos a diputados nacionales encabezada por Antonio Erman González se había impuesto sobre la del radicalismo, liderada por Marta Mercader. De esta manera había puesto un pie sobre un distrito habitualmente adverso al peronismo. No quedaba duda de que esta victoria era producto de la satisfacción, de una parte importante de la población, con la estabilidad que había aparejado la convertibilidad. Y junto con este triunfo del oficialismo en la Capital, se había confirmado la derrota de Domingo Cavallo en la provincia de Córdoba como consecuencia de una división de la UCEDÉ, alentada desde el gobierno nacional, con el fin de quitar vuelo político a la figura del influyente ministro de Economía. La situación para el Presidente no podía ser mejor en relación con lo que era su próximo objetivo, el más ansiado, su sueño, su obsesión: la reelección. En todo eso pensaba Carlos Menem mientras esperaba el momento de salir de la residencia presidencial de Olivos.

La campaña ya estaba lanzada y a través de algunos de los integrantes del entorno y el accionar de comunicadores sociales adictos, el tema se instaló con mucha fuerza después del recuento electoral. Para muchos, ésa era una Argentina de ensueño. La estabilidad se había consolidado. El consumo estaba a pleno. Pocos podían o se atrevían a llamar la atención sobre el desequilibrio fiscal que comenzaba a gestarse y que sería la piedra angular de la catastrófica caída de la convertibilidad. Había corrupción —y mucha— pero eso importaba sólo a algunos sectores de la población. Para otros, era algo poco trascendente. Es más, era asumido como inexorable por parte de aquellos que veían a Carlos Menem como el nuevo mesías que estaba conduciendo a la Argentina a su tierra prometida: la del primer mundo.

En el aeroparque Jorge Newbery se alistaba ya el avión que el Presidente había ordenado comprar a un costo de 66 millones de dólares. Menem había quedado muy impresionado cuando conoció la también lujosa aeronave del presidente Carlos Salinas de Gortari —uno de los más corruptos en la historia de México— y decidió que quería una igual. Por lo tanto, el Presidente argentino se sentía como un líder mundial cuando viajaba en su nuevo avión. Y eso lo hacía inmensamente feliz ya que ése era otro de sus sueños.

Ese 14 de octubre de 1993 el viaje se dirigía a la ciudad de Santiago de Chile para una reunión de los presidentes del Grupo Río. Además, Menem tenía un particular interés en apurar todos los procesos que favorecieran una mayor integración entre la Argentina y Chile. Era un tarea de capital importancia después de haber quedado atrás el espinoso tema de la disputa territorial sobre las islas Picton, Lenox y Nueva situadas en la zona limítrofe del canal de Beagle. Por entonces gobernaba Chile Patricio Aylwin, el primer Presidente democrático luego de la brutal dictadura del general Augusto Pinochet. Aylwin era una persona afable que también estaba muy interesado en mejorar la relación entre los dos países.

Aquel sería un viaje breve. Ni siquiera pasarían la noche en Santiago. En la comitiva, además del canciller Guido Di Tella, iría buena parte del infaltable entorno presidencial. Entre ellos, el médico de Menem, el doctor Carlos Tfeli.

Pero, antes de partir hacia el Aeroparque Jorge Newbery, el Presidente comenzó a percibir una sensación extraña que nunca antes había experimentado. Lo que notó fue que la parte izquierda de su cuerpo se adormecía, especialmente el miembro superior. Pero no sólo eso. Notó también que a ese adormecimiento le acompañaba una dificultad para mover la mano y el brazo. Todo sucedió en cuestión de segundos. Enterado el médico presidencial, su indicación fue correcta. Lo primero a descartar era que no se estuviera en presencia de un episodio cerebrovascular. Se llamó de inmediato al doctor Jorge Belardi, jefe de hemodinamia del Instituto Cardiovascular de Buenos Aires quien, a las 12.15, hacía su ingreso a la residencia de Olivos. Tras el examen surgió el signo que permitió el diagnóstico: un soplo carotídeo sobre el lado derecho del cuello, evidencia de una obstrucción de la arteria carótida del mismo lado. Se decidió pues, que el Presidente debía ser trasladado de urgencia al Instituto Cardiovascular. Una vez allí, se le efectuaron los siguientes estudios: un doppler, que es una ecografía que se hace sobre el vaso a estudiar, que mostró una placa ateromatosa de un milímetro de largo que ocupaba el 70 por ciento de la luz de la arteria carótida derecha; una resonancia magnética nuclear para evaluar la existencia de otras lesiones vasculares cerebrales, que dio negativa; y, finalmente, sobre las 4 de la tarde, una arteriografía, realizada por medio de un moderno equipo de sistema de formación de imágenes digitales. Establecido así el diagnóstico, no había más que pensar y sólo una cosa por hacer: operar.

El cerebro está dividido en dos hemisferios: derecho e izquierdo. Es allí, en su intricada maraña de millones de neuronas intercomunicadas a través de múltiples conexiones, que se realiza el control superior de todas las funciones del sistema nervioso.

La organización del sistema nervioso central es tal, que el control de los hemisferios cerebrales es fundamental para la integridad de su funcionamiento. Esta organización del sistema nervioso ofrece a su vez una particularidad: su control es cruzado. Es decir que el hemisferio derecho controla las funciones sensoriales y motoras del lado izquierdo del cuerpo humano y el hemisferio izquierdo hace lo mismo con el lado derecho.

Básicamente se deduce que una lesión de un hemisferio cerebral producirá una alteración de la función motriz y sensorial en la mitad del cuerpo opuesta. Entonces una lesión del hemisferio cerebral derecho producirá un déficit de la movilidad y la sensibilidad en el hemicuerpo izquierdo y una lesión del hemisferio cerebral izquierdo producirá el mismo tipo de déficit en el hemicuerpo derecho. La gravedad de la alteración podrá llevar a una parálisis total de ese hemicuerpo —hemiplejía— o a una disminución de la fuerza y la movilidad —hemiparesia— y a una pérdida total (hemianestesia) o parcial (hemiparestesia) de la sensibilidad.

Para que el cerebro desarrolle sus funciones con normalidad es imprescindible un flujo sanguíneo adecuado. Este flujo sanguíneo es fundamental para asegurar el abastecimiento de oxígeno a las neuronas. La neurona, como todas las células del cuerpo humano, tiene una necesidad esencial de oxígeno.

Los vasos que aseguran la llegada de la sangre oxigenada al cerebro son las arterias carótidas. Existen dos arterias carótidas primitivas: una derecha y otra izquierda. Cada una de ellas se divide, a su vez, en una rama interna y otra externa. La arteria carótida externa se encarga de la irrigación sanguínea del cráneo. La carótida interna se ocupa de la irrigación del hemisferio cerebral. La obstrucción ya sea de la arteria carótida primitiva o de su correspondiente rama interna produce daño cerebral.

La obstrucción de las arterias es producto de un proceso de acumulación de colesterol y cristales de calcio sobre su revestimiento interno (endotelio). Esta combinación de colesterol y calcio produce una placa, el ateroma, que al irse agrandando va estrechando la luz del vaso, afectando así el flujo sanguíneo. La sangre, que a su paso por la zona estrechada de la arteria ve alterar su flujo normal, puede comenzar a formar coágulos que bien pueden quedar adheridos a la pared del vaso (trombo) o pueden desprenderse (émbolo) y viajar por el resto del territorio arterial hasta impactar en una arteria más pequeña a la cual obstruye. Esta obstrucción puede ser permanente o transitoria. En el primer caso la lesión que producirá será irreversible y, en el segundo, el cuadro será transitorio pudiendo la zona del cerebro afectada recobrar su función integralmente.

El revuelo que el problema de salud de Menem había generado fue mayúsculo. Como corresponde, la información oficial que se brindó a la población hablaba de una "gripe". Pero esta vez el engaño de la "gripe presidencial" duró poco y la realidad, como siempre, se impuso. En el Instituto Cardiovascular, por momentos, reinaba el caos. El grupo médico tratante estaba muy seguro de lo que debía hacer, pero en el entorno presidencial había desconcierto. Los que querían hacer notar su presencia en la clínica desbordaban a la seguridad. La sala del Presidente, la número 309, era el objetivo ansiado por todos. En el cuarto piso, el doctor Tfeli narraba los hechos de la salud de Carlos Menem al senador Eduardo Menem y al secretario general de la presidencia, Eduardo Bauzá. Luego éstos, junto con Hugo Anzorregui, Gerardo Sofovich y algunos ministros se ubicaron en el despacho del director del Instituto, desde donde atendieron los innumerables llamados de quienes querían saber qué pasaba con el enfermo.

La aún esposa del presidente, Zulema Yoma, de quien ya se encontraba separado, causó gran conmoción al llegar e ingresar directamente hacia la habitación del primer mandatario. *"Permiso, Carlos me está esperando"*, fue todo lo que se le escuchó decir.

Todos estaban sorprendidos, sobre todo porque el Presidente nunca había manifestado ninguna molestia de tipo vascular. Su condición de deportista —Menem hacía gala de practicar, si bien es cierto que con poca destreza, fútbol, tenis, golf, paddle, natación, ciclismo, básquet, automovilismo y de pilotear ultralivianos, Lear jets, monomotores y helicópteros— hacían casi insospechable la existencia de estos males. Además, lo atendía un numeroso equipo integrado por 20 médicos. El jefe del cuerpo médico era el doctor Alejandro Tfeli, médico urólogo de la cátedra de urología del Hospital de Clínicas y, entre otros, también formaban parte los doctores Luis María de la Fuente, profesor adjunto de Cardiología de la Facultad del Salvador; Ramón Leiguarda, neurólogo; Jorge Belardi, quien diagnosticó la obstrucción carotídea; Héctor Lardini, cardiólogo; el bioquímico Francisco Rodríguez Vigil; Vicente Gutiérrez Maxwell, cirujano general; Alberto Álvarez, cirujano vascular; Fernando Stengel, dermatólogo; Enrique Rossi, radiólogo; Carlos González del Solar, gastroenterólogo; Abraham Kohan, hematólogo; Jorge Rey, oftalmólogo; Juan Carlos Arauz, otorrinolaringólogo; Alberto Mejía, traumatólogo y Luis Ripetta, cirujano plástico.

Informado de la necesidad de operar, Menem dio su acuerdo de inmediato. *"Operen ya"*, dijo.

Hubo que decidir qué hacer. Un by-pass o una angioplastía acarreaban un verdadero problema por la posibilidad de que, durante el procedimiento, se desprendiera una placa del ateroma y originara un coágulo que, arrastrado por el torrente circulatorio, obstruyera alguna otra arteria cerebral. Esto es lo que técnicamente se llama embolia cerebral.

Se optó por realizar una endarterectomía que consiste en abrir la arteria en el lugar de la oclusión, proceder a quitar la placa ateromatosa por medio de un bisturí, y cerrar el vaso con una funda hecha con un fragmento de una de las venas del paciente.

La operación estuvo a cargo del doctor Juan Carlos Parodi, un eminente cirujano vascular e inventor de distintas técnicas quirúrgicas. Demoró dos horas y media y su resultado fue exitoso. Parodi revelaría esa misma medianoche que el episodio del Presidente se había debido a una pequeña hemorragia en el interior del ateroma lo que había dado origen al desprendimiento de algunos pequeños coágulos.

El hecho dio lugar a una gran inquietud política y social.

Y si en lo médico la cosa era compleja, no lo era menos en lo político. Había un tema controvertido: ¿debía hacerse un traspaso del mandato presidencial o no? El asunto no era menor porque desde septiembre de 2001—momento en que Duhalde fue elegido Gobernador de la provincia de Buenos Aires— en el país no había vicepresidente.

Entonces surgió un dilema en relación al traspaso del mando máxime cuando la intervención quirúrgica se debía realizar con anestesia general. El subsecretario legal de la presidencia, Claudio Bonadío, dio su interpretación del tema, haciendo referencia al decreto 101 de 1985, según el cual *"el Gobierno puede seguir funcionando sin la intervención directa del Presidente, a través del mecanismo de delegación de funciones en ministros y secretarios. Desde hace un tiempo no se practica más la ceremonia de actas de traspaso cada vez que el Presidente viaja. El traspaso de mando es automático, aunque en este caso ni siquiera se toma en cuenta"* (sic). No obstante, no faltaba quien disintiera con esta posición. El hecho de que el senador Eduardo Menem fuera el primero en la línea sucesoria provocaba aún más molestia y recelo dentro del gobierno. ¿Quién estaría a cargo del Poder Ejecutivo durante el tiempo que demandara la operación? A esto se sumaba otra cuestión clave: ¿qué pasaría si el Presidente salía de la operación con alguna complicación que implicara un daño cerebral? A pesar de todo, el secretario general de la presidencia fue terminante: *"No habrá traspaso de mando"*. Ésa era la voluntad del Presidente.

La vigilia fue tensa y plagada de anécdotas. Así, Marta Esteban, una gitana que hablaba de su "amigo" Menem permaneció por unas tres horas a un costado del Instituto Cardiovascular. Predijo que *"iba a salir de la operación perfecto"* y que su pronóstico sería tan exacto como el que le hizo en 1988 *"...cuando en el Hotel Hermitage de Mar del Plata, le leí la mano y adiviné que iba a ser Presidente. Si se cumple te voy a hacer un buen regalo, me prometió Carlitos. Pero todavía lo estoy esperando"*, expresó la mujer. La empresaria Amalia Lacroze de Fortabat, que tampoco pudo entrar al centro médico, le pidió finalmente una birome y papel a la sargento chapa 1371 para escribir un saludo para el Presidente que entregó a un oficial de la policía para que se lo hiciese llegar al jefe de la custodia presidencial, comisario Guillermo Armentano. El empresario Carlos Spadone —involucrado en el escándalo de la leche contaminada— y el ex futbolista Norberto Alonso también deambulaban con ansiedad, intentando entrar a la clínica. Entre los que sí pudieron entrar estuvo el senador Fernando De la Rúa quien, ocho años después, también entraría como Presidente enfermo al mismo sanatorio.

Finalmente, diez minutos antes de la medianoche, el médico presidencial, doctor Tfeli, se presentó en el hall de entrada del Instituto Cardiovascular para anunciar, ante la expectativa de los medios y de la gente, que *"la operación ha sido un éxito"*. A su lado, el cirujano Juan Carlos Parodi agregó: *"El posoperatorio en este tipo de intervenciones se prolonga entre 24 y 72 horas, pero nosotros preferimos que los pacientes se queden tres días"*. Añadió que *"mañana por la mañana, el Presidente podrá leer el diario y, en pocos días más, puede estar trabajando en la Casa Rosada"*, para concluir: *"El sistema nervioso del Presidente está intacto"*.

Menem permaneció internado 48 horas más. Recibió muchas visitas pero, la de mayor trascendecencia política, fue la del ex presidente Raúl Alfonsín con quien no hablaba desde hacía tiempo. Y allí, en medio de los saludos y las fotos, quedaron en volverse a hablar y ver. Y esto se iría a cumplir mucho antes de lo previsto y por un motivo resonante: la reforma de la Constitución, el tema que obsesionaba a Menem, en su afanosa búsqueda de la reelección. Sin duda, ésta fue la consecuencia política más impactante del episodio que afectó la arteria carótida derecha del ex presidente Carlos Menem.

CAPÍTULO NUEVE

Fernando de la Rúa:
El Presidente tiene arterioesclerosis

El helicóptero presidencial había dejado ya, raudamente, la Casa de Gobierno. Abajo, la zona céntrica de la ciudad presentaba un aspecto convulsionado. Se veía el desplazamiento de manifestantes que huían del accionar policial. En otras zonas, algunos activistas persistían en destrozar las vidrieras de los locales comerciales. Los edificios de los bancos mostraban los efectos de la violencia. Había sido un día de furia de una sociedad harta de su dirigencia política. Y ahí, a bordo de ese helicóptero, estaba ese hombre atribulado que hasta hace unos minutos había sido el Presidente de la República. Ahí estaba Fernando de la Rúa, el hombre que se "había preparado toda la vida" para ser Presidente, saliendo de la Casa de Gobierno por los techos, acosado por la indignación y el repudio popular.

Fernando de la Rúa nació a la vida política de una manera rutilante en 1973. Previamente había tenido una experiencia como funcionario de segundo nivel durante el gobierno de Arturo Umberto Illia. Su currículo mostraba a un estudiante brillante que había hecho la secundaria en el Liceo Militar General Paz, de

Córdoba, y que se había recibido con máximos honores de abogado en la Universidad Nacional de esa provincia.

Su aspecto juvenil e intelectual impactó en abril de 1973 cuando debió competir, en la segunda vuelta, por la banca de senador nacional por la Capital Federal. Enfrentó, en esa ocasión, al candidato del Frente Justicialista de Liberación (FREJULI) que, salvo en el distrito capitalino, había arrasado en la elección del 11 de marzo de 1973, consagrando a la fórmula Héctor J. Cámpora-Vicente Solano Lima, como presidente y vice de la Nación, respectivamente.

Esa segunda vuelta tuvo tintes épicos y el triunfo lo transformó, de la noche a la mañana, en un nombre conocido y, en adelante, referencial no sólo de la Unión Cívica Radical sino también de la política nacional. La consecuencia más evidente de este posicionamiento fue su nominación como candidato a vicepresidente, acompañando a la figura legendaria de Ricardo Balbín, en la nueva elección presidencial de 1973, que hizo posible el acceso del general Perón a la presidencia.

Su desempeño en la Cámara Alta no pasó inadvertido. Siempre se lo recuerda como el más aplicado a la hora de estudiar los distintos proyectos y temas que se debatían en las comisiones y en la sesiones. El golpe militar del 24 de marzo de 1976 lo mandó de vuelta a su casa. En los años del Proceso se dedicó a la abogacía. Supo ser un muy buen abogado y la nómina de sus clientes así lo demuestra.

Pero la política era su vida. Y a ella volvió ni bien se puso en marcha el proceso que llevaría a la recuperación de la democracia y la vida institucional en el país. Muerto Balbín, tomó la posta de la línea interna que aquél había encabezado y se decidió a enfrentar en la elección interna a Raúl Alfonsín, el líder del Movimiento de Renovación y Cambio.

Fue una batalla intensa de la que salió derrotado. Sería ésa la única elección que perdería en su vida. Entre todos, su figura tenía suficiente relieve como para aspirar a candidaturas importantes y no hubo nada que discutir a la hora de postularlo para competir por una banca de senador por la ciudad de Buenos Aires. Su triunfo sobre el candidato justicialista, Carlos Ruckauf, fue contundente.

El sorteo determinó que su mandato duraría seis años. Fueron años en los que su figura fue creciendo, a pesar del enfrentamiento silente con Alfonsín y su gente. Se recuerda su proyecto para prevenir y combatir la violencia en los estadios de fútbol que, una vez aprobado, se conocería como Ley De la Rúa.

Su conducta mesurada lo preservó del catastrófico final del gobierno de Alfonsín y, en la elección del 14 de mayo de 1989, cuando triunfó Carlos Menem, fue el candidato más votado para la banca de senador por la Capital que estaba en juego. Sin embargo, el sorpresivo acuerdo alcanzado entre Menem y la UCEDE de Álvaro y María Julia Alsogaray hizo que en el colegio electoral la banca fuera para quien había resultado segundo, el justicialista Eduardo Vaca. Este hecho, que lo mantuvo alejado de la función pública por dos años, lo dejó en el papel de víctima, papel que sus adversarios le iban a reprochar de ahí en más.

No duró mucho su ostracismo de la función pública ya que, en 1991, la lista de la UCR que encabezaba fue la más votada en la elección a diputados por la Capital. De ahí en adelante, un sino recorrería su vida política: no terminaría ninguno de los mandatos de los cargos para los que fue elegido. Así, entonces, dejó antes de tiempo su banca de diputado al ser elegido senador por la Capital en 1992, cargo cuyo mandato no completó por haber sido elegido Jefe de Gobierno de la Ciudad de Buenos Aires en 1996 por un término de cuatro años, el que tampoco cumplió en su totalidad al ser elegido Presidente de la República, en 1999, mandato que dejó inconcluso cuando, el 20 de diciembre de 2001, debió renunciar y por fin se fue a su casa.

La presidencia había sido siempre su ilusión. Ése era su objetivo en la política. El año 1997 trajo una novedad política que, en forma inesperada, lo puso en carrera. Ese hecho providencial fue la conformación de la Alianza por la Justicia, la Educación y el Trabajo, estructura política que conformaron la UCR y el FREPASO como consecuencia de la creciente presión social que exigía la unidad de la oposición al gobierno de Menem. Esa unidad era una condición indispensable para que la oposición tuviera alguna chance de terminar con el menemato y su sucesión, Eduardo Duhalde. El exitoso debut electoral de la Alianza, con el resonante triunfo de Graciela Fernández Meijide sobre Hilda "Chiche" Duhalde en la provincia de Buenos Aires, fue un indicio claro de que las posibilidades de derrotar al peronismo en 1999 eran ciertas.

Y así, tras ganar cómodamente la interna en la que tuvo como rival a la mismísima y, hasta entonces imbatible, Graciela Fernández Meijide, el sueño iba en camino de hacerse realidad. Esto ocurrió el 24 de octubre de 1999, en la elección en la que la fórmula de la Alianza, Fernando de la Rúa-Carlos "Chacho" Álvarez, venció con comodidad a la fórmula del justicialismo, Eduardo Duhalde-"Palito" Ortega.

Me preparé toda la vida para esto", se repetía en esos días de felicidad ilimitada. Su luna de miel con la gente le devolvía una imagen fenomenal. Su "Dicen que soy aburrido" lo había dotado de un histrionismo desconocido en él. Su estrategia de dar la imagen de un hombre común impactaba fuertemente a la sociedad. Sus fotos haciendo las compras en el supermercado, en el primer fin de semana posterior a la elección o su decisión de viajar en avión de línea, en ocasión de su primer desplazamiento a Europa como Presidente electo, causaban sensación.

Se encontraba en medio de ese éxtasis, cuando su salud, brusca e inesperadamente, se vio alterada por un neumotórax.

Todo comenzó con una molestia en la zona del hombro derecho. La había empezado a sentir a poco de la llegada de su viaje a París. El dolor no cedía y De la Rúa, a pesar de los pedidos de su mujer, no le había prestado atención al cuadro. Esto llamó la atención de sus allegados quienes recordaban la obsesión del Presidente electo con los temas relacionados con su salud.

Por lo tanto, el 12 de noviembre, después de una reunión en la que se trató el presupuesto y de la que salió malhumorado, se dirigió al Instituto del Diagnóstico, en el Barrio Norte, para realizarse un control médico. Grande fue la sorpresa de todos cuando, al observar la radiografía de tórax, apareció el neumotórax en el lado derecho.

El neumotórax es una afección producida por el paso del aire desde el pulmón a la pleura, que es una membrana serosa que recubre al pulmón y a la cara interna del tórax. Entre las dos hojas de la pleura existe una cavidad virtual. Cuando entra el aire en la pleura, por una rotura, esta cavidad se hace real y, como consecuencia, el pulmón comienza a colapsarse.

La sintomatología de la afección está dada por dolor punzante al respirar en el costado afectado, que puede extenderse a la axila y al hombro, y disnea, es decir dificultad respiratoria creciente según sea el grado de colapso del pulmón.

Existen dos clases de neumotórax: el espontáneo y el traumático. El traumático es secundario a un golpe o a una herida. El espontáneo se produce sin ningún tipo de antecedente aparente pudiendo ser desencadenado por una tos fuerte o un esfuerzo grande. Es debido a la ruptura de bullas o burbujas de aire que se forman en el pulmón y que crean una debilidad del tejido pulmonar. Es común en personas jóvenes y delgadas. Cuando se presenta en personas adultas debe descartarse que no haya una enfermedad de base, infecciosa o tumoral, que lo produzca. Éste es el tipo de neumotórax que sufrió el flamante Presidente.

El tratamiento consiste en colocar un tubo de drenaje a través de una pequeña incisión en el tórax. Este tubo se deja por unas 48 o 72 horas hasta quitarse, previo control radiográfico, para evaluar que el aire haya sido evacuado en su totalidad. En algunos casos más severos, es necesario sellar la pleura por medio de un procedimiento quirúrgico mínimo.

Por supuesto que el tema produjo un enorme revuelo político. El país estuvo atento a lo que sucedía con el Presidente en el centro médico. Carlos Menem se comunicó con su sucesor y lo mismo hicieron autoridades de la Alianza y el vicepresidente electo. Cada uno que lo veía hacía alguna declaración. Una muestra de ese glosario, es la siguiente:

"El neumotórax no tiene causas ni consecuencias." (sic) Darío Lopérfido, quien sería Secretario de Medios.

"Se le hizo una pequeña fisurita en la pleura visceral." Héctor Lombardo, futuro ministro de Salud Pública.

"Vine como amigo." Carlos Ruckauf, electo Gobernador de la provincia de Buenos Aires.

"Es el presupuesto el que te tiene mal." Carlos Menem, ex presidente de la Nación.

"Esto demuestra que De la Rúa es humano. Debe ser consecuencia de una gripe mal curada." Gabriela González Gass.

"Vine por pedido de mi papá a interesarme por la salud del doctor De la Rúa y además soy amiga de sus hijos." Zulemita Menem.

"No vinimos a ver a un paciente sino a una reunión de trabajo." Carlos Álvarez, vice presidente electo.

De la Rúa permaneció en el sanatorio unos cuatro días y, luego de los estudios complementarios, que mostraron una buena evolución y una ausencia de otras patologías, fue dado de alta. Se le recomendó no fumar más, hábito que practicaba a las escondidas, y abstenerse de realizar esfuerzos y viajes en avión o helicóptero por treinta días.

Finalmente, el momento tan ansiado llegó y el 10 de diciembre de 1999, en un día luminoso, Fernando de la Rúa juró como Presidente de la Nación. ¡Cuántas expectativas! El idilio con la ciudadanía duró lo que el verano. Ya en abril las cosas comenzaban a ponerse complicadas. Y el 26 de abril se produciría un hecho que tendría consecuencias nefastas para la salud política de la Alianza. Ese día, después de una ardua negociación, el Senado de la Nación aprobaba la controvertida Ley de Flexibilización Laboral, un engendro destinado a satisfacer las demandas del Fondo Monetario Internacional. Se dijo que sería un signo de responsabilidad gubernativa que traería confianza de los inversores. La realidad iba a demostrar que nada de eso podía ocurrir. Por el contrario, el proceso mediante el cual la ley fue sancionada dio pie a todo tipo de sospechas, las que explotaron ante la opinión pública cuando Joaquín Morales Solá, en su columna dominical del diario *La Nación*, denunció la posible existencia de sobornos pagados con dineros públicos a un grupo de senadores de la oposición para que votaran a favor de la ley. La denuncia instaló una profunda crisis dentro del gobierno que culminó cuando, el 6 de octubre de 2000, el vicepresidente de la Nación, Carlos Álvarez, renunció a su cargo después de que el Presidente había promovido al cargo de secretario general de la presidencia a Alberto Flamarique, cuestionado ministro de Trabajo. El hombre estaba en el ojo de las sospechas por el pago justamente de esas supuestas coimas.

La renuncia de Álvarez hirió de muerte a la Alianza y al gobierno que, de ahí en más, inició su imparable marcha barranca abajo.

La economía no se recuperaba. En diciembre de 2000, se anunció con escenografía hollywoodense un blindaje otorgado por el FMI que, teóricamente, pondría fin a la indomable recesión que ya llevaba tres años. Pero el tiempo pasaba y los números no repuntaban. A esa altura la imagen de un presidente con aire ausente, lento y poco activo dominaba los medios y los ánimos de la población. Mucho había hecho para eso la penosa performance de De la Rúa en el programa de Marcelo Tinelli, al cual había concurrido para tratar de mejorar desde la televisión su imagen, exitosamente satirizada en Videomatch. Ésa fue una noche desastrosa para el Presidente que primero fue zamarreado en cámaras por un integrante de la agrupación HIJOS —inexplicablemente, pudo acceder al estudio y entrar en escena sin ningún control— para terminar caminando en estado de desorientación en la búsqueda de la puerta de salida del estudio.

En abril de 2001 renunció el ministro de Economía, José Luis Machinea. Lo reemplazó Ricardo López Murphy quien, recién después de dos semanas de haber asumido, anunció su plan en el que proponía un recorte en el presupuesto de las universidades para tratar de reducir el déficit fiscal. El sonoro rechazo popular que generó esta iniciativa eyectó a López Murphy de su despacho. Fue sustituido, en un giro político digno de la mejor ficción, por Domingo Cavallo, ex ministro de Economía de Carlos Menem. Los testigos de la borrascosa reunión que se hizo en la Quinta de Olivos para concretar la incorporación de Cavallo al gobierno siempre recordarán los gritos, insultos y amenazas de agresiones que muchos dirigentes del radicalismo profirieron cuando el Presidente les comunicó su decisión.

Sin embargo, la opinión pública aprobó mayoritariamente la designación de Cavallo. No obstante, la esperanza duró poco. La hiperactividad del ministro no lograba sacar a la economía de su letargo.

Llegó así el viernes 8 de junio. Ese día, el Presidente arribó a la Casa Rosada unos minutos después de las diez de la mañana. Un paro nacional paralizaba a gran parte de la población. Le tomó juramento al nuevo secretario de Transporte, Luis Ludueña, encabezó una reunión del gabinete nacional, grabó un mensaje por la cadena oficial de radio y televisión, atendió el llamado del senador Eduardo Menem, enfurecido por la detención de su hermano, el ex-presidente, por la causa del tráfico de armas y, entonces, decidió que era el momento de dirigirse al Instituto Cardiovascular de Buenos Aires. Así se lo hizo saber a los periodistas. *"Estando tranquila la situación, voy ahora a tratarme. Voy a ocuparme de mí, porque me gusta cuidarme. No es nada grave, es una situación normal y quería informarles para que no se anden diciendo cosas. Esto es normal, porque quienes ejercemos funciones como éstas estamos expuestos a un gran stress. Bueno, me voy al médico."* Pero la realidad era otra. De la Rúa había comenzado a sentir dolores en el pecho el domingo 3 de junio, día en que se dirigió al Instituto del Diagnóstico en lo que se dijo había sido la visita a un amigo. Ese día le realizaron algunos exámenes, ante cuyos resultados, se le indicó al Presidente un estudio de cámara gamma que consiste en la inyección, por vía intravenosa, de un isótopo radioactivo para evaluar la irrigación cardíaca. El resultado fue que había déficit de perfusión en algunas áreas y que el origen de ese déficit estaba en las arterias coronarias.

Por lo tanto lo indicado era hacer una cineangiocoronariografía para evaluar el estado de dichas arterias. Con este propósito el primer mandatario se dirigió al Instituto Cardiovascular. Allí llegó a las 13.15, después de haberse detenido unos minutos a orar a solas en la capilla de la Casa Rosada. Una vez que estuvo internado, todo se hizo con rapidez. El equipo médico, encabezado por el doctor Jorge Belardi, el mismo que había participado con el doctor Parodi en el episodio de la carótida de Carlos Menem, le realizó el cateterismo cardíaco que mostró dos obstrucciones parciales en la arteria coronaria derecha. En consecuencia y en forma inmediata se llevó a cabo su desobstrucción que se hizo a través de una angioplastía, procedimiento que consiste en la introducción de un catéter en la arteria afectada. Este catéter tiene un globo en la punta, el que se infla para que se restablezca el flujo sanguíneo, a posteriori de lo cual se deja un stent, que es un cilindro metálico con forma de rulero, cuya función es evitar que la arteria se cierre. El diario *Página/12*, además, informó que se había encontrado una oclusión total de la arteria descendente anterior, una de las dos ramas de la coronaria izquierda sobre la que nada se había podido hacer. Sin embargo, esta lesión no producía ningún efecto detrimental sobre la función del corazón.

El impacto político del padecimiento del Presidente fue enérgico, sobre todo en virtud de la vacancia de la vicepresidencia. El senador radical Mario Losada se apresuró a expresar que *"no había habido necesidad de traspasar el mando ya que la operación se hizo con anestesia local"*. El dato fue confirmado por Belardi.

Fue el doctor Lombardo, ministro de Salud, quien otra vez sobresalió por la profusión de sus declaraciones. Una de ellas, *"le destaparon la cañería"*, produjo hilaridad. Otra: *"El Presidente sufre de arterioesclerosis"* causó estupor y gran revuelo. La falta de tacto político de semejante definición dejó atónitos a muchos dentro y fuera del gobierno y obligó a Belardi a contradecirlo. En realidad, lo que expresó el ministro no era técnicamente incorrecto pues, efectivamente, la obstrucción coronaria de De la Rúa se debía a una lesión ateromatosa de la arteria. Pero lo que el ministro no tuvo en cuenta es que, en la consideración popular, el término arterioesclerosis es tomado como sinónimo de demencia.

La evolución de la afección de De la Rúa fue buena. Tuvo que incorporar un régimen alimenticio más estricto y una medicación a base de aspirina, estatinas, que inhiben la formación de colesterol, betabloqueantes para controlar la presión arterial aún cuando nunca la había tenido alta y un antitrombótico.

La que no evolucionó bien, en cambio, fue la salud política de De la Rúa. Nada pudo hacer para frenar la debacle económica, ni el megacanje ni la ley de intangibilidad de los depósitos pudieron acabar con la recesión. Y fue así que ante una corrida bancaria imparable, el 3 de diciembre, a instancias del ministro de Economía y de los bancos, se implantó el corralito: la imposibilidad de disponer libremente de los depósitos bancarios.

El efecto de tal medida fue feroz y violento y el deterioro económico que sobrevino precipitó el descontento de la sociedad. Entonces llegó la noche del miércoles 19 de diciembre en que, cacerolas en mano, gente de distintas partes de la capital y del conurbano bonaerense confluyeron en la Plaza de Mayo para protestar contra el gobierno y pedir la renuncia de Cavallo. En ese momento nació el desesperado *"Que se vayan todos"*. El día después los saqueos motorizados por ciertos sectores del peronismo de la provincia de Buenos Aires, la furia de la gente y la salvaje represión policial terminaron con el presidente De la Rúa. Nada de lo que sucedió ese día fue bueno para sus coronarias. Tampoco para el pueblo argentino.

Capítulo Diez

Néstor Kirchner
"Hay que cuidar la máquina"

Hiperactivo, vehemente, confrontativo. Son tres atributos de un hombre que llegó al poder de la manera menos pensada. Un hombre que, como la mayoría de los políticos argentinos, no escapa a una trayectoria con algunas sinuosidades. Su carrera había empezado bien de abajo. Intendente de Río Gallegos primero, gobernador después. Su provincia, Santa Cruz, está allá, al fondo de los vientos patagónicos. Es una provincia llena de inmensidad en la cual el espacio es casi infinito. Esto es producto de una baja densidad de población que le da a la provincia, además de su característica vastedad, un rasgo muy especial. El desempleo es muy bajo como consecuencia de la escasa población que encuentra en la administración pública un lugar seguro de trabajo. Cuando Néstor Kirchner llegó a la gobernación, tras haber ganado la elección en 1991, supo que tenía que utilizarla como plataforma para alcanzar su anhelo de ser, algún día, Presidente.

La década de los noventa —de la que tanto iba a despotricar más tarde— le fue especialmente favorable para su gestión. La privatización de YPF, que en su momento escandalizó a la opinión pública, le permitió acceder a un reembolso de regalías petroleras, que habían sido mal liquidadas, y que al serle reconocidas, le aportaron mucho aire a su gestión.

Kirchner manejó la provincia con una correcta administración fiscal y mano dura. Su intolerancia hacia la prensa libre fue uno de los rasgos que compartió con todos los gobernadores cualquiera sea su partido.

En vísperas de la culminación de su segundo mandato, existiendo una limitación constitucional para ser reelecto por segunda vez, tomó una decisión claramente violatoria de la constitución provincial. Organizó entonces una consulta popular no vinculante sobre la aprobación o no del pueblo de la provincia para un nuevo mandato. El resultado fue ampliamente positivo para el entonces gobernador. Con este resultado, Kirchner realizó una presentación ante el Tribunal Superior de Justicia de la provincia buscando darle valor vinculante a la consulta. De esa manera intentaba forzar a la legislatura de la provincia, en donde tenía la mayoría sin alcanzar los dos tercios, a habilitar el proceso de reforma de la constitución local. Y, como tampoco tenía la mayoría en el Tribunal de Justicia, forzó la renuncia de su presidente a quien reemplazó por quien era el presidente de la legislatura, el doctor Zanini, hombre de su absoluta confianza que en 2005 es secretario Legal y Técnico de la Presidencia. Los reclamos de la oposición fueron en vano. En ese feudo, la voluntad de Kirchner se cumplía sí o sí.

Por lo tanto, la constitución de Santa Cruz se modificó y, desde entonces, la reelección del gobernador puede ser ilimitada. Siempre se recuerda cómo esta maniobra le valió un gran reconocimiento por parte de los partidarios del presidente Carlos Menem cuando éste buscaba también la reelección ilimitada pero, en su caso, para la presidencia. Fue tal ese reconocimiento que en un viaje al exterior, en el que Menem invitó a Kirchner como acompañante, lo recibieron al grito de "ídolo".

Los años pasaron y el traumático final del gobierno de la Alianza le otorgó la posibilidad de un protagonismo importante.

Así, tras la breve e increíble presidencia de Adolfo Rodríguez Sáa, rechazó la invitación del presidente designado por la Asamblea Legislativa, Eduardo Duhalde. Estaba claro que, ante la complicada situación por la que atravesaba el país, buscó preservarse para intentar lanzarse a competir por la presidencia en la venidera elección de 2003. La providencia le depararía la gran oportunidad. Ésta se presentó cuando el gobernador de la provincia de Santa Fe, el ex piloto de Fórmula 1 Carlos Reutemann, que era el candidato favorito de todas las encuestas, declinó aceptar su nominación. Se abrió, pues, una posibilidad casi impensada cuando el presidente Duhalde debió salir a buscar un candidato que le respondiera y que pudiera enfrentar a Carlos Menem. Ese candidato, después de muchas idas y vueltas, terminó siendo Néstor Kirchner. La anécdota recuerda que, poco antes de que se acordara esta candidatura, el entonces gobernador de Santa Cruz había declarado que de ninguna manera sería el candidato de Duhalde.

La salud de Néstor Kirchner fue noticia el jueves 8 de abril de 2004. Ese día, mientras descansaba con su familia en El Calafate, el Presidente presentó, súbitamente, un cuadro de dolor en la boca del estómago (epigastralgia), náuseas, vómitos, deposición de materia fecal con sangre e hipotensión arterial. Fue un episodio brusco que produjo una gran preocupación y que obligó a que se lo internara en el hospital de El Calafate para ser luego trasladado, en medio de rigurosas medidas de seguridad, al hospital de Río Gallegos.

El diagnóstico fue rápido, sobre todo cuando el mismo Presidente reconoció que había tomado por su cuenta un analgésico antiinflamatorio para aliviar el dolor que le había dejado —seguramente una periodontitis— un tratamiento de conducto previo a su viaje a El Calafate. Ese medicamento era el ketorolak, un potente antinflamatorio no esteroideo bien conocido por médicos y odontólogos por sus efectos adversos. Su uso e indicación ha disminuido considerablemente por esas consecuencias indeseables. Uno de ellos es la gastroduodenitis erosiva. Es decir, una inflamación aguda del estómago y del duodeno causada por el efecto irritativo del medicamento sobre la mucosa de estos órganos. La erosión de la mucosa puede ser de tal magnitud que llega a perforar la pared de los delicados vasos sanguíneos que en ella se encuentran y generar la consecuente hemorragia.

Al Presidente se le realizó un endoscopía que confirmó la lesión y se le tomaron muestras de tejido —biopsia— para su análisis.

El hecho produjo sorpresa en el ámbito político. Uno de los que mostró mayor preocupación fue el ex-presidente Eduardo Duhalde, que estaba en París en representación del Mercosur: *"Hay que parar la máquina"*, fue el consejo que le dio a sus sucesor.

Producido el hecho, el gobierno decidió que el manejo informativo estaría a cargo, exclusivamente, del médico del Presidente, doctor Luis Buonomo. *"Dadas las características personales del Presidente y su investidura , vamos a entrar en la etapa de la negociación donde él querrá que sean menos días y yo más días; eso se evaluará"*, fue uno de sus comentarios más recordados.

Al Presidente se lo medicó con Omeprazol, que es un bloqueador de la secreción de ácido clorhídrico por parte del estómago, y se le suministró una dieta blanda, con predominio de lácteos.

La evolución fue buena y las especulaciones variadas. Sobre todo después de una fallida declaración de la primera dama, la senadora Cristina Fernández de Kirchner, quien dijo, en un momento, que el Presidente había sufrido, en 1985, una "úlcera perforada" de la cual había sido operado. Fue el médico presidencial, el doctor Buonomo, quien debió aclarar que la esposa del Presidente había "metido la pata" ya que lo que había padecido

Kirchner no había sido una úlcera perforada sino una hemorragia a nivel de las hemorroides junto con un colon irritable.

No sería éste el único episodio relacionado con la salud del Presidente. El 11 de febrero de 2005 Kirchner decidió realizarse un chequeo médico en el Hospital Argerich de la ciudad de Buenos Aires, instituto oficialmente designado para la atención del primer mandatario. El chequeo se hizo un fin de semana y no fue informado a la opinión pública. Ofuscado, ante las especulaciones que se multiplicaron, el jefe de Gabinete, Alberto Fernández, declaró que *"han encontrado un buen negocio en hacer este tipo de comentarios"* para agregar: *"Las cosas de rutina que no suponen ninguna alteración de la situación, las cosas que están bien y no han cambiado en nada la realidad no tiene sentido informarlas"*.

Curiosa paradoja. Del ocultamiento salió el rumor que forzó a las autoridades a informar sobre lo que no habían querido comunicar a la opinión pública. Porque los avatares de la salud de un presidente —y un chequeo médico lo es— es una cuestión de Estado como los casos que este libro expone, lo ha demostrado.

SEGUNDA PARTE

El poder
de los enfermos

CAPÍTULO ONCE

Lenin
Una cruel enfermedad

10 de julio de 1918. Lenin vive su momento de gloria. Después de mucho batallar ha logrado lo que tanto ansió desde que comenzó su lucha política. Ese día se promulgaba la primera constitución de la Federación de Repúblicas Socialistas Soviéticas. Era su sueño y ahora que todo estaba organizado como él lo había soñado, no podía menos que sentirse feliz. Faltaba un único paso. Era el de acabar con Nicolás II y su familia. Mientras estuvieran vivos constituían una tentación para que los nostálgicos del régimen zarista intentasen un movimiento contrarrevolucionario. El 16 julio todo sería historia cuando un soviet de la ex Ekaterimburgo fusilara al Zar y a todos los integrantes de su familia. Lenin tiene en ese momento 48 años y una vida de mil aventuras.

Lenin era hijo de un inspector de escuelas que pertenecía a la nobleza y que nunca había podido entender por qué sus hijos se habían involucrado en las luchas contra el régimen zarista. El verdadero nombre de Lenin era Vladimir Ilich Ulianov. Su nombre de guerra político, Lenin, significa "hombre del Lena" en referencia al río que corre en Siberia a la cual había sido deportado cuando entró en la acción revolucionaria directa. Esa militancia fue motivada por el asesinato de su hermano a manos de los comisarios del zar Alejandro III, padre de Nicolás. La lucha hasta llegar a la cima del poder fue despiadada. No había lugar para sentimentalismos. Fue necesario mantener esa severidad después de la revolución de octubre de 1917, ya que la competencia entre los que querían liderarla era extrema y no estaba exenta de peligros como al que se había visto expuesto cuando, al término de una reunión en la fábrica Mikelson, Fania Kaplan, una activista del Partido Socialrevolucionario le disparó a quemarropa. Las dos balas que hicieron impacto en su cuerpo se alojaron alrededor del brazo. Salvó su vida por milagro. Ante el riesgo que significaba la operación, los médicos decidieron dejarlo como estaba.

Ese sufrido año que transcurrió desde la revolución de octubre de 1917 hasta el 10 de julio de 1918 lo obligó a una gran actividad. Se alió con Trotsky quien —junto con Kaménev y Zinoviev, quienes tenían mucha llegada con el movimiento obrero— fue fundamental, algo así como la puntada final a una revolución que había sido inicialmente liderada por la burguesía rusa, aliada al ejército zarista, con suficiente peso como para dar el primer paso. Impuesta ya la dictadura del proletariado, Trotsky demandó su cuota parte de poder. Para él fue el puesto de Comisario de Guerra. A su cargo quedaba, ni más ni menos, el temible Ejército Rojo.

Trotsky y sus ambiciones preocupan, y mucho, a Lenin. Sin embargo, su principal aflicción es otra: su salud. Su aspecto es el de un hombre enfermo. Su entorno lo nota. Y él lo sabe. Su esposa, Nadiezhda Krúpskaia se preocupa porque no duerme de noche ni escribe. *He conservado una foto suya. Tiene el aspecto de padecer una cruel enfermedad"*, dice.

La afección que aqueja al líder soviético es una hipertensión arterial de difícil tratamiento en esa época. Su consecuencia, sumado a la existencia de otros factores de riesgo, como el tabaquismo, el sedentarismo y la hipercolesterolemia, produce un serio y acelerado proceso de arteriosclerosis que afecta a todas las arterias del cuerpo pero que hace blanco, sobre todo, en el cerebro. Es allí en donde aparecen pequeñas hemorragias que, de a poco, comienzan a minar la fortaleza de Lenin. Y esto resiente su dinámica política. No quiere que se conozca la debilidad de su salud sobre todo por temor a que se exacerben los apetitos de poder de algunos de sus camaradas. La inestabilidad de Rusia, en la que todavía se mueven adeptos al régimen zarista, obliga al Ejército Rojo a una rígida tarea y esto tiene ocupado y alejado a quien está a su cargo, Trotsky.

Sin embargo, el 30 de diciembre de 1920, durante el desarrollo del VIII Congreso de los Soviets, debe aceptar su enfermedad. No puede aguardar hasta el cierre para hablar y, por lo tanto, debe hacerlo en primer término para luego irse. *"Es lamentable, pero tengo grandes dolores, no puedo hacer otra cosa"*, declara. Se le aconseja reposo y en cumplimiento de esto, se dirige a la ciudad de Gorki. Los padecimientos de Lenin obligan a tomar una determinación política para que el paciente pueda cumplir con las indicaciones médicas. Es entonces cuando Iosif Stalin asume como secretario general del Partido Comunista y Comisario del Pueblo de las Minorías Nacionales.

Lenin pasa un mes en Gorki y, considerándose recuperado, desoye el consejo de sus médicos y decide regresar a Moscú. La tensión en el país aumenta. Una porción del campesinado se subleva contra las confiscaciones que impone Trotsky. Hay enfrentamientos con el Ejército Rojo. La represión es brutal. Lenin debe atender la situación y comienza a poner límites al accionar de Trotsky. La crisis le produce un gran stress que dispara, una vez más, su hipertensión. Debe viajar, de nuevo, a Gorki en busca del reposo terapéutico. El 15 de diciembre de 1921, Lenin le hace llegar a Molotov, secretario del comité central del partido, una nota que dice: *"Ruego que se prolongue mi licencia en quince días, de acuerdo con la decisión de los médicos".*

Las medidas implementadas por Lenin para detener el avance del trotskismo le redituan un reconocimiento en el resto de Europa. Por ello, el primer ministro británico, Lloyd George, invita a la Unión Soviética a tomar parte de la conferencia de Ginebra, en abril de 1922. *"La participación personal del señor Lenin facilitaría el diálogo"*, expresa George. Lenin recibe con agrado esta invitación que se interpreta como previa al levantamiento del bloqueo que Occidente mantiene en torno de la URSS.

Lenin comunica al pueblo la novedad, en estos términos: *"Iré a Ginebra. Espero que la enfermedad, que desde hace unos meses me impide participar en forma activa en los asuntos políticos y que no me permite cumplir del todo con las funciones gubernamentales que se me han confiado, no se oponga a ello"*. Pero los médicos no autorizan a Lenin a hacer ese viaje y, además, le imponen mayores restricciones en su ritmo de trabajo. Al ausentarse Lenin de Ginebra, la fuerza de la posición soviética se debilitó y esto impidió que se negociara con mejores chances el levantamiento de las medidas punitivas que le habían sido impuestas.

El 17 de abril de 1922 es intervenido quirúrgicamente para extirparle las dos balas que tenía en su cuerpo. El estado general del paciente es tan precario que sólo se le puede extraer uno de los dos proyectiles. Las cefaleas se hacen más frecuentes y se acompañan de dolores abdominales muy intensos. El profesor doctor Vörster, especialista alemán que encabeza el equipo médico de Lenin, se dirige a Gorki para estar más cerca de él. Presiente que algo malo se avecina.

El 26 de mayo de 1922, el líder soviético sufre un accidente cerebrovascular que compromete a su arteria carótida izquierda. El paciente entra en coma y acusa una hemiplejía derecha. Hay riesgo de que pierda el habla. Sin embargo, se recupera. Para julio ya es autorizado a recibir algunas visitas. En octubre vuelve a Moscú con un régimen alimenticio severo y una restricción de las horas de trabajo. Habla en el IV Congreso de la Internacional

Comunista. Esto le significa un enorme esfuerzo. El 12 de diciembre, hallándose en su despacho, se desploma sobre el escritorio. Es el segundo accidente cerebrovascular que vuelve a afectar el hemisferio cerebral izquierdo. La recuperación será incompleta. Recobra el habla pero no los movimientos de su hemicuerpo derecho. Pero está resuelto a dar batalla. Sigue ejerciendo las funciones de gobierno. A esta altura comienza a desconfiar progresivamente de Stalin. Una carta de enero de 1923 lo atestigua. El 9 de marzo, un tercer ataque lo deja afásico, es decir, sin habla. El 15 de mayo es llevado a Gorki en estado vegetativo en el cual permanecerá hasta el final de sus días, el 21 de enero de 1924, cuando un nuevo accidente cerebrovascular arrase con lo poco que quedaba de su cerebro. Tras su muerte, se ordenó la realización de una autopsia que demostró que padecía una ateriosclerosis severa. Stalin hará embalsamar el cuerpo de Lenin y levantar un mausoleo en su homenaje. Mausoleo que reproducía su imagen y al que, un día, en la década final del siglo XX, el pueblo soviético demolería producto del hastío y el agotamiento de un modelo totalitario que cercenó libertades y significó el fin del marxismo.

CAPÍTULO DOCE

Stalin
El cerebro enfermo

Yalta había sido un triunfo para Stalin. En la repartija del mundo que se hizo en esa cumbre sólo tuvo rivales débiles. Uno, Franklin D. Roosevelt, físicamente consumido y con poca capacidad de concentración; el otro, Winston Churchill, con mejor salud pero representando a una Gran Bretaña disminuida. No le había costado a Stalin imponer muchas de sus exigencias y condiciones. La segunda guerra mundial había transformado a la Unión Soviética en una potencia indiscutible. Su aspecto irradiaba fortaleza.

Pero a comienzos de 1945, de repente, se le manifestó en la salud un cuadro de cefaleas, náuseas, vómitos, zumbido de oídos y vértigo. El cuadro no cedió y se complicó con el correr de los días. Creció un dolor intenso en el tórax, sensación de opresión y de angustia. Fue examinado por el doctor profesor Miasnikov, una de las luminarias de la cardiología mundial de aquellos días, quien lo encontró hipotenso. Fue el electrocardiograma el que confirmó la sospecha diagnóstica: infarto agudo de miocardio en la punta del corazón.

El tratamiento fue difícil. Se le indicó reposo y sedantes. No obstante, Stalin (que en realidad se llamaba Iosiv Zissariónovich Dzugahsvihli) era un mal paciente con muchos factores de riesgo.

Así es como no sorprendió que sobreviniera un segundo infarto, pequeño, y un tercero que ya no pudo ser mantenido en secreto. Finalizada la segunda guerra mundial, las potencias triunfantes estaban obligadas a tomar decisiones concernientes a ordenar el mundo de ahí en adelante. Para ello se organizó la reunión de Potsdam que tenía fecha de inauguración para el 17 de julio de 1945. Stalin arribó más tarde de la fecha establecida. Todos quienes estaban allí se impresionaron por su aspecto desmejorado y su tez amarillenta. Al ver los rostros sorprendidos de Truman y Churchill, Stalin apuntó a su corazón para indicar la razón de su deterioro. Pero esta vez, a diferencia de Yalta, no fue el líder ruso sino el Presidente de los Estados Unidos, Harry S. Truman, el que tuvo la energía suficiente que le permitió llevar la iniciativa durante toda la cumbre. Y así fue como, el 24 de julio, les comunicó a sus interlocutores que los Estados Unidos tenían la bomba atómica. Todo lo que Stalin dijo al respecto fue que *"se hiciera un buen uso de esa arma contra los japoneses"*. En realidad el servicio de espionaje soviético ya le había advertido de la existencia de la bomba.

De regreso en Moscú, el país comienza a sufrir las consecuencias del deterioro del cerebro de Stalin. Hay en él un cambio de carácter evidente. Todo lo irrita. No tolera una sola crítica ni la menor ironía. Le molesta su dependencia de los médicos a quienes detesta cada vez más.

Aparecen alucinaciones. Su habla es lenta y, por momentos, poco clara. Cree ser el todopoderoso que debe marcar las pautas de todas las ciencias. Él determina qué hacer en medicina. La Academia de Ciencias recibe órdenes de colocar a los sabios rusos por encima de cualquier otro científico extranjero. Se impone un celoso control sobre el intercambio de información de los médicos rusos con sus colegas de otras nacionalidades. Así, los trabajos científicos de medicina deben contar con bibliografía exclusivamente rusa. Hay restricciones al envío al exterior de artículos y comunicaciones médicas. La medicina soviética entra en zona de riesgo.

Uno de los casos más resonantes lo constituye el de la doctora Lina Stern, destacada profesora de fisiología de renombre mundial por sus investigaciones sobre la barrera hematoencefálica, ganadora del Premio Stalin. Se la acusa de haber escrito un artículo médico con citas bibliográficas de autores no rusos y de recibir cartas de colegas extranjeros. Por lo tanto, luego de ser detenida en la primavera de 1949, se le impone una pena de reclusión forzada, la que cumplió por cinco años confinada en una pequeña habitación sin lecturas, sin papel ni lápiz y alimentada a pan y agua.

Stalin empieza a sufrir delirios de persecución. La consecuencia más impactante es la denuncia que se difunde en el diario Pravda, el 13 de enero de 1953, de la denominada "conspiración de las batas blancas". Según se lee en el órgano de prensa oficial del régimen *"hace un tiempo, los organismos de seguridad del Estado descubrieron a un grupo de médicos terroristas, cuyo objetivo era el de abreviar la vida de personalidades dirigentes de la Unión Soviética por medio de un tratamiento nocivo".*

Se acusa a nueve médicos notables a los que se encarcela en la prisión de Lofortovo. Seis de ellos son judíos. Serán sentenciados a morir ahorcados. Las pruebas son escasas. Stalin ordena a los jueces que apliquen la tortura para obtener las confesiones.

Estos temas sacudían a la opinión pública rusa el 23 de febrero de 1953. Ese día, por la noche, cenan junto a Stalin en su *datcha*, Beria, Bulganin, Kruschev y Malenkov. Al día siguiente, Stalin no concurre a su despacho del Kremlin. Nadie informa nada. Y así se suceden los días hasta que, el 1 de marzo, un integrante de la guardia de seguridad telefonea a los cuatro asistentes a la comida y los convoca a ir a la residencia de Stalin a quien encuentran inconsciente. Se hallaba en coma.

Llamados de urgencia, el profesor Miasnikov , cardiólogo de Stalin y el doctor Konovalov, su neurólogo, amigos de los médicos detenidos, diagnostican una hemorragia en el hemisferio izquierdo del cerebro y un infarto agudo de miocardio complicado por problemas respiratorios.

Como no se lo puede trasladar, se lo atiende en su casa. En total son nueve los médicos que conforman el equipo que tiene a su cargo esta tarea. La función de los riñones se deteriora. Aparece una respiración irregular, tipo Cheyne-Stock, que delata una afectación severa del centro respiratorio a nivel del bulbo encefálico y que prenuncia el fin. El comunicado que emiten los médicos es claro, pero en los medios rusos va acompañado de la siguiente advertencia: *"El tratamiento del camarada Stalin se desarrolla bajo la constante vigilancia del Comité Central del Partido Comunista de la URSS y del gobierno soviético".*

A las diez menos diez de la noche del 5 de marzo de 1953, acompañado por su hija Svetlana, Stalin muere. Rusia respira aliviada.

Capítulo Trece

Mao-Tsé-tung
El poder de las arterias

En su notable libro *Antimemorias*, André Malraux narra su reunión privada con Mao y hace la siguiente descripción: *"Desde el comienzo de la entrevista, Mao no hizo otro ademán que el de llevarse el cigarrillo a la boca y volver a ponerlo en el cenicero. En su inmovilidad general, no parece sino un emperador de bronce.*

"Mao hace un gesto de fatiga y, apoyándose con las dos manos en los brazos del sillón, se levanta. Es el más erguido de todos nosotros: monolítico. Con la enfermera detrás, marcha paso a paso, rígido, como si no doblara las piernas, más emperador de bronce que nunca."

Esta imagen permitió conjeturar que el líder chino padecía la enfermedad de Parkinson.

Sin embargo, esta hipótesis nunca pudo ser confirmada. Se dijo que, inclusive, destacados especialistas en el mal habrían sido llamados en consulta para viajar a Pekín y examinar al enfermo. Pero nada de esto parece haber sido cierto. Lo que sí fue real es que había en aquel Mao un deterioro evidente de su salud que tenía como causa una enfermedad severa de sus arterias.

En ellas se habían anidado infinidad de placas de colesterol que, a manera de cristales, se adosan a su cara interna, el endotelio, quitándole su tersura y produciendo no sólo estrechez de la luz del vaso y rigidez de su pared sino también una alteración del flujo sanguíneo que deja allí de ser laminar para transformarse en arremolinado, siendo éste un factor que predispone para la formación de pequeños coágulos o trombos.

Mao comenzó a sufrir estos problemas en 1965. Tenía, entonces, 72 años. El territorio vascular más afectado fue el de la circulación cerebral. En este caso se vieron comprometidas las pequeñas arterias, llamadas arteriolas. Las manifestaciones clínicas de estos episodios dependen del lugar en donde se producen esas oclusiones trombóticas. En el caso de Mao esto dio origen a un síndrome pseudobulbar que se expresa clínicamente por una marcha arrastrada, alteraciones de las facciones del rostro, de la fonación y de la deglución, mentón relajado, risa fácil y distimia (afectación del humor y del carácter).

Todos estos síntomas transforman el aspecto físico de Mao y trastornan su estado mental. Su aislamiento es creciente. Se muestra muy poco en público. Sus reuniones con distintas personalidades se cancelan en forma imprevista.

A partir de 1970 el deterioro se acentúa. Se añaden las alteraciones de la memoria. El paciente se desorienta en tiempo y en espacio. Su marcha se hace más dificultosa. Comienzan a fallarle los esfínteres. Hay que recurrir al pañal. Nada le interesa.

En abril de 1976, tras la muerte de Chu-En-lai, la designación de Teng-Hsiao-ping, que enarbola la bandera de la modernización, desencadena la oposición de Chiang-Ching, la mujer de Mao, que denosta a los que quieren imponer ideas de derecha.

Viendo que la situación se complicaba, Mao toma parte en la contienda y nombra a Hua-Kuo-fen, quien era ministro de

Seguridad desde 1953. Su gestión fracasó ya que no logró poner fin a este enfrentamiento, como se puso en evidencia en las calles de Pekín, el 4 de abril de 1976, durante las manifestaciones de violencia desatadas en ocasión de la marcha por el Día de los Muertos consagrada a la memoria de Chu-En-lai. Mao ya no reinaba. Cuando muere, el 9 de septiembre de 1976, su Revolución Cultural pertenecía al pasado.

CAPÍTULO CATORCE

Winston Churchill
El último combate

La segunda guerra mundial lo tuvo a Churchill luchando en forma épica. Él había previsto antes que muchos lo que significaba Hitler y cuál era su locura de dominio sobre toda Europa. Si Lord Chamberlain y los líderes de algunos de los países que estaban en ese momento bajo el yugo del nazismo lo hubieran escuchado ¡cuántos males se habrían evitado!

En eso pensaba mientras se reunía en Washington con el presidente Roosevelt a quien le pidió que los Estados Unidos entraran en la contienda. Todo parecía funcionar bien pero esa noche, mientras dormía, un dolor agudo y opresivo en el pecho lo despertó. Su médico, Lord Moran, diagnostica inmediatamente un cuadro de angina de pecho. Indica que hay necesidad de un examen más específico y que, por lo tanto, se impone un electrocardiograma. Churchill, en medio del dolor, aplica su criterio político. Juzga que sería devastador para la salud de su gobierno, en plena guerra, que se divulgara su enfermedad cardíaca. Tiene 67 años pero se siente impetuoso. Rechaza las indicaciones de su médico, situación que Lord Moran acepta. Lo medica, pues, a base de sedantes y le permite seguir con su rutina. El episodio es superado y no tiene trascendencia pública.

El 30 enero de 1943 la guerra está en su apogeo. Churchill regresa de la conferencia de Casablanca cuando sufre un episodio de fiebre alta con tos, expectoración espesa y gran deterioro del estado general. Su médico diagnostica una neumonía bacteriana originada por un neumococo. Afortunadamente ya existían las sulfamidas y el tratamiento enérgico pone remedio al mal. Ese mismo año, en noviembre, a la vuelta de la cumbre de Teherán, con Roosevelt y Stalin, sufrirá otra neumonía a la cual, otra vez, las sulfas le darán batalla con éxito.

En el momento de la caída del régimen nazi en Italia, Churchill visita el frente de batalla. Quiere ver en persona cómo son las cosas ahí. Quiere estar cerca de las tropas para expresarles su reconocimiento por su lucha sin desmayo hasta alcanzar la victoria. Corren los días de agosto de 1944. En conocimiento de esto, Lord Moran prescribe, en virtud de la epidemia de malaria que afectaba a Italia y a modo preventivo, mepacrina. La mepacrina es un antipalúdico. Pero Churchill desprecia las indicaciones de su médico. Consulta, insólitamente, al rey Jorge VI y al general Harold Alexander, comandante de los aliados en Italia. Alexander le hace saber, por cablegrama confidencial, que *"mejor sería obligar a los médicos a tragar sus propias píldoras"*. Al final, Churchill desistió de hacer el viaje.

La guerra concluye y, para sorpresa del mundo, en pleno desarrollo de la cumbre de Potsdam con Stalin y Truman, en julio de 1945, el pueblo de Gran Bretaña le recuerda a Churchill su promesa, que había hecho al asumir, de renunciar al cargo de primer ministro una vez que la guerra terminase. En las elecciones triunfa Clement Attle, el líder del laborismo y, en medio de una atmósfera de pesar, Churchill debe hacer sus valijas y regresar a su casa.

La vida de Churchill prosigue sedentaria y regada por los placeres de la buena mesa, el buen alcohol y los buenos cigarros, todos hábitos fatales para su sistema circulatorio.

El 24 de agosto de 1947, estando en Montecarlo, padece su primer accidente cerebrovascular del cual se recupera con secuelas mínimas. Habrá un segundo episodio, transitorio, que se manifiesta a través de una afasia motora, es decir, una dificultad en la emisión de la palabra.

La situación económico-social del Reino Unido muestra un creciente nivel de descontento y conflictividad. Esto conduce a la renuncia del primer ministro, Clement Attle, y obliga al rey Jorge VI, con su salud muy deteriorada por un cáncer, a llamar a elecciones el 25 de octubre de 1951. Triunfa Churchill. Tiene 78 años. Su salud preocupa. Pero ahí está, una vez más, su fiel médico, Lord Moran, dispuesto a ocultar con cuanto artilugio pudiera los achaques de un cuerpo enfermo, tal como lo demuestra el aspecto de ese hombre de baja estatura, regordete y de andar encorvado que se mueve con pequeños pasos con un cigarro en la boca.

El primer ministro sufre un nuevo accidente cerebrovascular el 21 de febrero de 1952. El parte de su médico dice que estos episodios *"demuestran cierta inestabilidad en la circulación cerebral, que debe aumentar durante un esfuerzo mental"* (sic).

El 26 de junio, Churchill sufre otro cuadro de oclusión de sus arterias cerebrales. Se informa, a través de un comunicado firmado por Lord Moran, que debido a algunos trastornos circulatorios que provocan vértigo, se le ha aconsejado viajar a las Bermudas en plan de descanso.

Pero Churchill no se da cuenta de hasta qué punto se ve afectado su organismo por todos estos ataques y cómo erosiona su capacidad y su poder. Lady Churchill le reprocha a Lord Moran que no sea más enérgico y exige que le haga saber a su esposo cuál es la realidad. Pero el médico ya no tiene autoridad sobre su paciente.

Churchill cree que su poder es el mismo que a comienzos de la segunda guerra. Por eso decide reunirse con el presidente Eisenhower, en Bermudas, para convencerlo de abrir una negociación con Stalin para poner fin a la Guerra Fría. Fracasará y, enojado por esto, le achacará buena parte de la responsabilidad al secretario de Estado John Foster Dulles y a su propio médico. *"Dulles es un terrible obstáculo. Hace diez años, habría podido con él. Aunque tampoco hoy fui vencido por ese bastardo. Me ha humillado mi propio deterioro. Usted, Lord Moran, hizo todo lo posible para demorar la evolución de las cosas"*, masculla el viejo león.

El 6 de abril de 1955, Winston Curchill dimite a su cargo de primer ministro. *"Ahora me voy a Chartwell y no quiero ver a nadie. Tengo mucha correspondencia que organizar"*, son sus palabras de despedida.

Pero, a pesar de iniciar entonces una vida más tranquila, los ataques cerebrovasculares continúan. El 26 de octubre de 1956 padeció uno que lo dejó sin palabra y sin memoria. Uno nuevo ocurrió el 22 de octubre de 1959, el que se acompañó de un cuadro epiléptico pequeño mal atribuido a una hemorragia que había irritado las meninges. El 17 de noviembre sufrió otro accidente cerebrovascular y, contra los pronósticos de sus médicos, sobrevivió.

Finalmente murió, en 1965, a los 91 años, cuando ya se había convertido en un personaje de leyenda.

CAPÍTULO QUINCE

Adolf Hitler
Un Parkinson político

La vida de Hitler estuvo atravesada de penurias y rechazos. Había querido ser pintor pero el talento artístico no estaba de su lado. Fue rechazado en todos los intentos que había hecho para ser aceptado como alumno en distintas academias. Además, la enfermedad de su madre, que padeció un cáncer de mama, le había generado una enorme tristeza en medio de una gran dificultad para hacer frente a los costos de sus tratamientos médicos. Todo esto había hecho de él una persona resentida. Y ese resentimiento habría de estar presente durante toda su vida.

Su llegada al poder no fue fácil. Su primer acto político, en una cervecería de Munich, fue un verdadero fiasco. Pero Hitler no se dio por vencido. Sabía que el resentimiento también formaba parte del estado anímico de la mayoría del pueblo alemán que estaba pagando las duras consecuencias de la primera guerra mundial. Y eso había desatado una brutal crisis socioeconómica. Hitler lo captó y se dio cuenta de que era el momento para exaltar el sentimiento nacional en búsqueda del orgullo perdido. Lo que comenzó siendo una utopía, en pocos años se hizo realidad. Y así, fue elegido canciller de Alemania por una abrumadora mayoría de votos.

Una vez en el poder, Hitler no pierde el tiempo. Su objetivo es restablecer a la Alemania de la supremacía y la grandeza. La vuelta del servicio militar obligatorio, la reocupación de Renania, la conformación del eje Berlín-Roma, la anexión de Austria y los Sudetes, el pacto de no agresión con Stalin, son acontecimientos que tienen lugar entre 1935 y 1939. Todo ocurre ante la permisividad de Francia, el Reino Unido y los Estados Unidos —tal vez por el sentimiento de culpa por las desastrosas consecuencias que para Alemania tuvo el Tratado de Versailles—.

Por eso, cuando el 1 de septiembre de 1939 Hitler invade Polonia, ya es tarde para intentar detenerlo. La segunda guerra mundial había comenzado.

El médico personal de Hitler era el doctor Morell. De sus fichas clínicas se deduce que hasta 1940 el estado físico de su paciente es bueno. Pero ya se habían registrado marcas de elevada tensión arterial que llegaron a 200 mm de Hg de máxima y 140 mm de Hg de mínima. En 1941 sufre un episodio de insuficiencia cardíaca leve que supera sin mayores ulterioridades. Del resto de su historia clínica se desprende que Hitler no padece ni sífilis ni diabetes. Ha sufrido una criptorquidea, la cual no le acarrea ninguna disfuncionalidad sexual.

En 1942 el clima de la guerra se hace sentir aun cuando el despliegue de las tropas alemanas parece augurar éxitos. Y el cuerpo de Hitler es blanco de esas tensiones. La presión arterial se mantiene alta y el profesor De Crinis, director de la Clínica Psiquiátrica de Berlín, le diagnostica una enfermedad de Parkinson.

La campaña rusa muestra grandes contradicciones por parte del Führer. El intento de capturar Leningrado es un error estratégico importante. La resistencia rusa y el "General Invierno" le imponen una severa derrota al ejército nazi. Esta derrota sumada a la de Stalingrado marcaron el comienzo de la progresiva caída del Tercer Reich. A partir de 1943 las derrotas impactan sobre la conducta de Hitler. *La indecisión dolorosa,*

la agresividad y una permanente irritabilidad eran los aspectos ca-
racterísticos de ese extraño estado a que lo redujeron el agotamiento
por el esfuerzo y la reclusión en que vivía. Ahora debía torturarse el
cerebro para adoptar decisiones que antes no le costaban trabajo al-
guno", recuerda su ministro predilecto, Albert Speer.*

El resentimiento de Hitler da pie al odio racial. La "solución final" con los judíos está en el origen del genocidio del
Holocausto llevado adelante en forma cruel e impía. Los judíos serán las víctimas de sus temores y sus fobias. El doctor
Walter Langer, psicoanalista, definió el perfil psicológico de
Hitler en 1943. Hitler tenía terror al cáncer, como consecuencia del cáncer sufrido por su madre. Creía que podía tener un
tumor en el estómago por lo cual su alimentación era muy res-
tringida. Además, Langer define su personalidad como histé-
rica. Así se interpretó como debida a una histeria su ceguera
transitoria sufrida en 1918 al negarse a reconocer la derrota
alemana en la primera guerra.

El informe también hacía alusión a tendencias anales y
homosexuales.**

Hitler no confiaba en la medicina ortodoxa. Entre los dispa-
rates que genera esta situación está la determinación de su médico, el doctor Theodor Morell, que lo somete a una dieta a base de vegetales para combatir lo que suponía era una "falta natural de flora bacteriana". Otro disparate médico, de terribles
consecuencias para las tropas alemanas, fue no permitir que se
vacunaran contra el tétanos, lo cual significó una condena a
muerte para muchos soldados.

La guerra avanza y, con el derrumbe del Tercer Reich, sobreviene el progresivo deterioro de la salud física y psíquica de Hitler. En

---

* Gitta Sereny, *Albert Speer*, Vergara, Buenos Aires, 1996.
** Walter Langer, *The Mind of Adolf Hitler*, Nueva York, Basic Book, 1972.

1944 sufre una hemorragia del cuerpo vítreo en su ojo derecho y una hepatitis. La hipertensión se acentúa y hay temor de que sobrevenga un infarto.

El Parkinson sigue avanzando según lo constata el doctor Erwin Giesing a cuya consulta se acude en febrero de 1945. Tiene 56 años y se lo ve envejecido y con un andar titubeante.

Toma medicamentos en grandes cantidades. Su aprehensión a los remedios y la medicina parece haber quedado atrás. Pero no será ninguna de las enfermedades que padece la que le producirán la muerte. Consciente de que el demencial proyecto que había puesto en marcha ha fracasado definitivamente, decide suicidarse.

Capítulo Dieciséis

Benito Mussolini
Un catálogo de males

Inquieto, altivo, cabeza rapada y afán por lo circense. Ésa es la imagen que irradia Benito Mussolini en las vísperas de la gran tragedia que, para la humanidad, fue la segunda guerra mundial. La Italia desmembrada y empobrecida de la primera parte del siglo XX ha creído encontrar en este hombre violento un conductor mesiánico. Pero ese hombre que la embarca en la guerra de Etiopía y en el anhelo de adueñarse del Mediterráneo es un enfermo. Su historia clínica además de una ictericia recurrente, de reumatismo y de úlcera gástrica, consigna una enfermedad que, en su último estadio, afecta severamente el sistema nervioso: la sífilis.*

Es probable que la haya contraído en la época en la que hizo el servicio militar. En 1908, cuando vivía como refugiado en Suiza, fue atendido en el policlínico de Ginebra por las lesiones cutáneas de esta afección.

En ese tiempo no había antibióticos y, por ende, el tratamiento de la enfermedad producida por el *treponema pallidum* no tenía

---

* G., Hibeert, *Benito Mussolini*, Penguin Books, UK, 1962.

cura real. Se echaba mano de preparados a base de mercurio, arsénico y bismuto, los que acarreaban variadas complicaciones. El arsénico y el mercurio podían causar efectos adversos a nivel cutáneo como la eritrodermia. El bismuto a más de las gingivitis —inflamación de las encías— y de la sialorrea —salivación excesiva— podía afectar los riñones dando origen a un síndrome nefrótico.

En 1930, durante las sesiones de la Liga de las Naciones, Mussolini sufre una recaída. Se le diagnostica una reacción de Herxheimer secundaria a una nueva sesión curativa con salvarsán que es un medicamento contra la sífilis hecho a base de mercurio. Mussolini padece fiebre y pérdidas de conocimiento junto con un reagravamiento de la sintomatología de la neurosífilis. Se hace cargo de la atención del paciente el médico holandés J. Merloo quien da a conocer el episodio.

Cuando Ian Fleming descubra la penicilina, la que abrirá el camino a la era de los antibióticos y a la curación de la sífilis, su cerebro estará muy dañado y su vida política en extinción. El 28 de abril de 1945 muere fusilado a manos de los partisanos italianos y ante la indiferencia de un pueblo que, alguna vez, lo había aclamado. Su cuerpo cuelga de un gancho de carnicería.

CAPÍTULO DIECISIETE

Francisco Franco
Goza de buena salud

La vida de Francisco Franco estuvo regada de resentimiento y frustraciones desde su temprana juventud. La aventura amorosa de su padre que abandonó a la familia tras los pasos de una amante madrileña, marcó a fuego su relación con María, su madre. Se enroló en el ejército y, con el grado de subteniente de infantería, fue asignado a Marruecos. Su voz aflautada y su físico menudo no se compatibilizaban con el *physique du rol* de un militar. Esta deficiencia podía ser compensada sólo por una gran bravura y audacia. Y él tenía ambas. Por eso a los 34 años es ya General del ejército colonial español.

España es un hervidero. El imperio ya es sólo un recuerdo lejano. La convulsión que domina Europa llega a la península y pone en jaque a la monarquía. Alfonso XIII es depuesto y huye a Francia y el régimen autoritario del general Primo de Rivera sucumbe ante la República encabezada por Alcalá Zamora. Franco, quien es llamado a enfrentar la insurrección de las fuerzas anarquistas en Asturias, cumple la misión con una furia que da miedo. Y por ello es reenviado a Marruecos. Allí, mientras observa lo que pasa en España y en el resto del mundo y lee los discursos de Mussolini, decide prepararse para terminar con los días y las vidas de los republicanos. El 18 de julio de 1936 cuando hace pie en España junto a los generales Queipo de Llano y Mola, dará comienzo la Guerra Civil, la herida más dolorosa y cruel que marcará y dividirá a la sociedad ibérica por más de medio siglo.

La España de Franco fue un claustro. Y mientras tuvo salud, el "Generalísimo" la manejó con mano de hierro.

Los allegados al caudillo español solían hacer alarde de su buena salud. Desde su toma del poder, sólo guardó cama seis veces. Dos fuertes gripes y una intoxicación alimentaria antes de 1960, y después, un serio absceso dental y una inflamación intestinal en 1973. En 1974, una flebitis en la pierna derecha, es el inventario completo de su salud. No obstante, había algo más importante que no registraba esta crónica: era la enfermedad de Parkinson que padecía desde 1960.

El Parkinson es una afección causada por la degeneración de las neuronas encargadas de producir la dopamina, un neurotransmisor esencial que, entre otras cosas, regula la tonicidad muscular y los movimientos finos. El portador de esta patología presenta rigidez muscular y temblores. El cuadro es progresivo. La medicación es sólo supletoria y con el correr de los años su eficacia decrece. El Parkinson también alcanza a veces a trastornos cognitivos que pueden acabar en cuadros demenciales.

La flebitis de Franco obliga al uso de anticoagulantes y esto genera una complicación muy seria: una hemorragia digestiva. Esta circunstancia, producto de un inadecuado manejo de la terapéutica instituida, determina que se prescinda de los servicios del doctor Vicente Gil, que había sido el médico de Franco durante 34 años. Se lo reemplaza por el endocrinólogo, doctor Vicente Pozuelo quien, en el trascurso de 1975, ve a su paciente con un mal aspecto. Ha perdido peso y su piel tiene un tinte pálido. Intuye que algo no anda bien. El 14 de octubre de ese año comienza el derrumbe del caudillo. Ese día debe guardar reposo ya que presenta un cuadro de dolor en el pecho. Pozuelo sospecha que hay un problema coronario en ciernes. De todas maneras, como es habitual en estos casos, se informa a la opinión pública que el "Generalísimo" sufre un cuadro gripal.

Ante la sospecha de un cuadro coronario, el doctor Martínez Bordiú, marqués de Villaverde, destacado cardiocirujano español y yerno de Franco, organiza un verdadero hospital para enfrentar la enfermedad de su suegro. A partir de ese momento 23 médicos se harán cargo del cuidado de la salud de Franco. Se instala, además, una sala de terapia intensiva completa contigua a su dormitorio. Al paciente le colocan un transmisor radial para monitorear su ritmo cardíaco. Ha sido diseñado por la NASA para los estudios de fisiología cardíaca en los astronautas. A través de ese monitoreo se detecta, a las 10.30 de la mañana del viernes 17 de octubre, una isquemia cardíaca. Franco, aquejado del dolor anginoso que produce la falta de oxígeno a nivel coronario, levanta la sesión del Consejo de Ministros y regresa a su habitación.

El 22 de octubre, a las 20.15 aparece una insuficiencia cardíaca. El corazón no bombea bien y la sangre, entonces, se acumula en los pulmones. Sobreviene el edema agudo de pulmón y, posteriormente, una insuficiencia renal. Franco está semiconsciente. Allí está el equipo médico dándole todo lo que la medicina podía brindar en ese momento. Claro que, junto con los tratamientos, aparecen sus efectos adversos, entre ellos, la hemorragia digestiva. Y, entonces, si antes hubo que dar anticoagulantes ahora habrá que administrarle hemostáticos.

El 26 de octubre, Franco recobra la lucidez. Hay alborozo en su entorno. De todas maneras, en las radios se escucha mucha música religiosa y voces graves. España está en vigilia.

Pero la mejoría dura poco. El 28 de octubre aparece nuevamente la insuficiencia cardíaca que, esta vez, es global y afecta también al ventrículo derecho. Por lo tanto la sangre se estanca a nivel del hígado y del intestino. Es el momento de un infarto intestinal que causa una hemorragia severa. Todo se desbarranca. Lo visita el arzobispo de Madrid.

El caudillo recupera la conciencia. Se confiesa. Llora y, al final, cierra los ojos para no abrirlos nunca más.

De todos modos sus médicos, por la insistencia del doctor Martínez Bordiú, deciden operarlo en el palacio del Pardo, en un quirófano montado en la casa de los guardias en donde la antisepsia es dudosa. Se lo opera primero del estómago para detener la hemorragia y luego se sigue con el abdomen. "Una posibilidad de éxito sobre cien", había predicho el equipo médico. Pero nada da resultado. Sobreviene otra tromboflebitis en el muslo izquierdo, otra hemorragia gástrica y una insuficiencia renal aguda que obliga a practicarle diálisis. Lo trasladan luego a la Clínica de La Paz. Allí lo operan de nuevo y le trasfunden unos cincuenta litros de sangre. El sin sentido termina el 20 de noviembre de 1975 a las 5:25. En ese preciso momento, cuando Franco no era más que una masa amorfa de tejidos y órganos sin cerebro, España nacía a la modernidad y la democracia.

CAPÍTULO DIECIOCHO

Franklin Delano Roosevelt
Condenado a la parálisis

La vida de Franklin Delano Rossevelt tuvo un cambio dramático en 1921. Era un hombre joven, perteneciente a una familia acaudalada y lleno de aspiraciones políticas tras su experiencia como funcionario durante la presidencia de Woodrow Wilson. Tenía 45 años cuando sufrió el ataque de poliomielitis que lo condenaría a una silla de ruedas por el resto de sus días. Fue un golpe tremendo del cual, sin embargo, se repuso con una fuerza de voluntad admirable. Fue esa fuerza de voluntad la que lo llevó no sólo a vencer las limitaciones de la movilidad y los dolores de la enfermedad sino también a luchar para llegar, en noviembre de 1932, a la presidencia de los Estados Unidos, la que no habría de abandonar sino con su muerte, el 12 de abril de 1945.

Con el correr de los años aparecería otra patología que iba a afectarlo severamente: la arterioesclerosis. Roosevelt era un gran fumador y, esto, sumado al sedentarismo impuesto por la parálisis y el tipo de vida que llevó, constituyeron factores de riesgo que se hicieron sentir en su organismo.

El médico personal de Roosevelt fue Ross McIntire, del cuerpo profesional de la Marina de los Estados Unidos. Roosevelt

acudió a sus servicios repitiendo una costumbre de los presidentes estadounidenses: ser atendidos por médicos de la marina o
del ejército. La elección de McIntire fue curiosa ya que no era
un médico clínico sino un otorrinolaringólogo.

Según escribió McIntire, desde que se hizo cargo del cuidado
de la salud presidencial hasta 1942, Roosevelt nunca estuvo enfermo. Recién el 25 de diciembre de 1943 comunica a la opinión
pública que el Presidente sufre una gripe, que se complicará con
una bronquitis y luego con una afección intestinal. De todas maneras de ahí en más Roosevelt debió guardar cama en varias
oportunidades. Siempre la causa era la "gripe". Recién en 1944
el médico presidencial habla de una ligera hipertensión arterial
causada por el stress de la campaña electoral en la que vence al
candidato republicano Thomas Dewey. La realidad es que para
marzo de ese año, Roosevelt llegó a tener cifras de tensión arterial de 185 (18,5) mm de mercurio de máxima y 105 (10,5) mm
de Hg de mínima. Su electrocardiograma ya presentaba ondas
"T" que son ondas negativas que indican que hay un proceso de
isquemia, es decir, de falta de oxígeno por mala irrigación coronaria, en la zona del ventrículo izquierdo. El doctor Howard G.
Bruenn, quien fue llamado en consulta a la Casa Blanca en marzo de 1944, indicó reposo y una medicación a base de digital, un
cardiotónico. El Presidente no es un buen paciente y no cumple
con el tratamiento en forma rigurosa. Y esto le traerá problemas.

El 5 de agosto de 1944, Roosevelt, que se hallaba en un crucero en el Pacífico, sufre un nuevo infarto agudo de miocardio.
Se recuperó bien pero el proceso vascular continuaba. El 18 de
noviembre tuvo otro ataque de hipertensión. Sus valores fueron
de 260 mm Hg de máxima y 150 mm Hg de mínima. Se trataba de un cuadro severo. Sin embargo, todo fue presentado a la
opinión pública como una sucesión de cuadros gripales.

En este contexto resultó poco comprensible que los médicos
presidenciales hubieran autorizado el viaje de Roosevelt a Yalta.

Allí entre él, Stalin y Churchill se repartirían el mundo de la posguerra. Hacía falta energía, claridad mental y mucha atención para no ceder ante las demandas con las que venía Stalin. Y Roosevelt no reunía esas condiciones. Muy por el contrario, cuando llega a la conferencia es un hombre al que se nota claramente deteriorado. Se lo ve extenuado, de color ceniza, con una piel seca y arrugada y con una voz debilitada.

Es un hombre al que le cuesta mantener la atención. La enfermedad vascular también ha hecho mella en su cerebro. Las evidencias hablan de la probabilidad de que haya sufrido pequeños accidentes cerebrovasculares como consecuencia de su hipertensión. Su escritura, que muestra signos de deterioro, es una muestra indirecta de su daño cerebral. La conferencia de Yalta iba a exhibir a un hombre en inferioridad de condiciones, con una capacidad de concentración disminuida y, por ende, con una tendencia a la distracción y que, tal vez, Stalin supo aprovechar para obtener las concesiones que tanto complicarían el destino de Europa y del mundo por los siguientes 45 años.

Tal vez esta falta de percepción, producto de un cerebro dañado, hizo que Roosevelt tuviese una visión casi idílica del significado de los acuerdos de Yalta y del mundo que le sobrevendría. Mundo al que no tendrá oportunidad de observar mucho más. Dos meses después de la conferencia de Yalta, en medio de un período de descanso en su residencia de Warm Spring, en el estado de Georgia, y mientras conversaba animadamente con algunos colaboradores y su amante de toda la vida, sufre un fortísimo y súbito dolor de cabeza. Se le escucha un grito desagarrador. Se toma la cabeza con desesperación. Todo dura un segundo. Cae inconsciente para no despertar nunca más. Una hemorragia cerebral lo ha fulminado en el acto, terminando con sus ilusiones de un mundo mejor y también con su vida.

CAPÍTULO DIECINUEVE

Dwight Eisenhower
El enfermo de Crohn

Llegó a la Casa Blanca en condición de mimado de la sociedad estadounidense. Le habían ofrecido la candidatura presidencial tanto el partido Demócrata como el Republicano. *"Nadie podría haberle ganado a Ike"*, sostenía el presidente Harry S. Truman en el momento de resignar cualquier intento de reelección. Y su percepción era real. El general de cinco estrellas Dwight Eisenhower llegó al poder como candidato por los republicanos tras vencer al demócrata Adlai Stevenson sin mayores inconvenientes.

La presidencia lo espera, sin embargo, con cuestiones calientes que atender. Se aboca a ellas sin retardo. En consecuencia, se soluciona el problema con Corea, se pone en caja al general Mc Arthur, se limita al exaltado Mc Carthy y también, sin soltarle la mano del todo a Chiang Kai-Shek, se decide la retirada de la Séptima Flota de la zona de Formosa. La muerte de Stalin, en 1953, ayuda a bajar la tensión de la Guerra Fría.

Eisenhower sufría la enfermedad de Crohn o ileítis regional, que es un padecimiento de tipo autoinmune que produce un daño de la mucosa del intestino grueso. Suele afectarla en forma segmentada, mostrando alternancia entre partes sanas y enfermas, pero puede asimismo extenderse a todo el resto del intestino grueso, comprometiendo el colon y el recto.

En aquellos años el tratamiento existente era precario. La enfermedad podía complicarse con una obstrucción intestinal o degenerar en un cáncer.

Sumado a esto, Eisenhower, que era un fumador empedernido de dos paquetes de cigarrillos por día, comienza a padecer de hipertensión arterial. En el verano de 1955 su hipertensión se acentúa. El 25 de septiembre de ese año sufre su primer infarto agudo de miocardio. Su médico, el general Howard Zinder, lo interna en el Hospital General Fitzsimmons. En forma increíble se lo traslada sin custodia, en un automóvil particular, para no llamar la atención. Una vez más, el secreto de Estado pone a un presidente en riesgos cuando se trata de su salud. Así como había ocurrido con Roosevelt, el primer parte médico habla de una "gripe". Pero es aquí cuando Eisenhower marca un cambio al exigir que se haga pública la realidad de la enfermedad que padece. Esto era consecuencia del impacto que le había producido lo que sucedió con Woodrow Wilson durante su presidencia. Entonces se le ocultó a la opinión pública que había quedado hemipléjico y afásico como consecuencia de un accidente cerebrovascular. Por lo tanto le ordena al doctor Paul Dudley White, cardiólogo de Boston, que informe con veracidad al pueblo estadounidense qué sucedía con su salud. *"Diga la verdad, toda la verdad, no trate de ocultar nada"*, es su comentario.

El 7 de junio de 1956, por la noche, Eisenhower sufre otra crisis intestinal. Esta vez, los dolores no ceden. El doctor Snyder, después de algunas dudas, lo hace llevar al hospital militar Walter Reed. Se le diagnostica oclusión intestinal. Y, después de algunas idas y venidas, se lo opera. Su recuperación es muy buena. A la semana ya está en pie para entrevistarse con Konrad Adenauer y el 21 de julio viaja a Panamá.

Ya en su segunda presidencia, sufre un accidente cerebrovascular el 25 de noviembre de 1957, el día después de una reunión con el Rey de Marruecos Mohammed V. Pierde el habla. De todas maneras la evolución es buena y recobra las funciones neurológicas afectadas. Su corazón, sin embargo, sigue dando problemas. En el tiempo que resta hasta completar su segundo mandato habrá de sufrir dos infartos más de los que también se recupera, a pesar de que en el tercero una fibrilación cardíaca lo pone al borde de la muerte en cuatro ocasiones. Lo salva el uso del desfibrilador.

La segunda presidencia de Eisenhower tendrá muchas complicaciones. La tensión en Medio Oriente, la crisis de Hungría sofocada sangrientamente por la Unión Soviética, la Revolución Cubana, los levantamientos contra la segregación racial en Little Rock, Arkansas, y un Congreso menos dócil serán asuntos que le demandarán gran atención y le generarán un stress mayor.

De todas maneras, Einsenhower cree estar en forma para seguir ejerciendo el poder. Ha perdido mucho de su juicio crítico. Le confiesa a Sherman Adams, un antiguo asesor suyo que había dejado su cargo público por un escándalo financiero, que de no existir la enmienda de la Constitución que le impide un tercer mandato, se presentaría como candidato para la elección presidencial de 1960.

Terminado su mandato, en 1961, Eisenhower vivirá ocho años más. En ese lapso sufrirá otros cuatro infartos y será operado una vez más de oclusión intestinal causada por su enfermedad de Crohn. El 28 de marzo de 1969, a los 79 años, su corazón dice basta. Una insuficiencia cardíaca global lo lleva a la muerte. En aquellas horas dos estrellas de la cirugía cardiovascular, el doctor Christian Barnard y el doctor Denton Cooley, alzan sus voces para criticar a los médicos que dicen que no queda nada por hacer. Pero la familia de Eisenhower, con buen tino, se da cuenta que someter al enfermo en ese estado y a esa edad a un trasplante cardíaco era un sin sentido. Ike muere en paz.

CAPÍTULO VEINTE

John Fitzgerald Kennedy:
El peor paciente

Cuando el 20 de enero de 1961 John Fitzgerald Kennedy asume como Presidente de los Estados Unidos, un nuevo aire parece embargar a la sociedad norteamericana. He aquí un presidente joven —tiene 43 años— que vende salud, con aspecto de deportista y un rostro hollywoodense. Atrás había quedado una durísima campaña electoral contra Richard Nixon, con los famosos debates televisivos que tan decisivos habían sido para ganar la simpatía de un pueblo al que Kennedy sentía distante. Y por supuesto que, como parte de ese pasado, también habían quedado las prevenciones del ex-presidente demócrata Harry S. Truman, quien había dicho que el candidato era muy joven y por ende no apto para la nominación, o las críticas de Eleanor Roosevelt, la matriarca del partido Demócrata, que no olvidaba que alguna vez Kennedy creyó que el tristemente célebre senador republicano Joseph McCarthy tenía dotes de mesías.

Pero tras ese rostro bronceado y ese aspecto atlético Kennedy esconde otra realidad. Quien la conoce bien es Rose Kennedy, la madre y gran hacedora del Presidente, que en su diario registra un prolijo detalle de la historia clínica de su hijo John Fitzgerald.

La lista incluye "coqueluche, rubéola, varicela, escarlatina, antes de los tres años; apendicitis, inflamación de los ganglios, ictericia complicada con recaída y asma crónica, en la adolescencia".*

A los 19 años, tras un accidente en un partido de fútbol que jugaba para el equipo de la Universidad de Harvard, Kennedy sufre la fractura de un disco de la columna vertebral. El accidente le va a significar un impedimento para cumplir con sus obligaciones militares durante la segunda guerra mundial. Después de Pearl Harbor se le asigna a una nave torpedera que es hundida en el Pacífico en 1943 frente a las islas Salomon. Es repatriado. Llega con muletas, debido a que el episodio militar agravó la lesión de su espalda padeciendo además un cuadro de paludismo.

Los dolores de espalda serán un verdadero martirio. Ya entrado en la vida política, en 1952, debe hacer mil y una triquiñuelas para no aparecer ante el público usando muletas. Es por eso que, en 1954, decide operarse de la columna. En octubre de ese año se somete a una intervención quirúrgica en un hospital de Manhathan. Durante el post operatorio ocurre una complicación por un shock operatorio, que pone en riesgo su vida.** La gravedad es tal que se le administra el sacramento de la extremaunción. Cuatro meses más tarde, sobreviene una infección estafilocóccica que hace necesaria una segunda operación. Corre el año 1955 y de ahí en más, el asunto de la salud de Kennedy será un tema tabú. Pero los médicos que lo atienden piensan que algo delicado está sucediendo. No se compagina la condición atlética y saludable del senador con las complicaciones a las que se había visto expuesto con motivo de sus operaciones. Conjeturan que el paciente tiene una dificultad en los mecanismos inmunes de su organismo. Las sospechas tienen fundamento.

---

* Rose Kennedy, *Le temp du souvenir*, Stock y Albin Michel editores, París, 1974.
** J. Nichols, *President Kenendy's Adrenals*, JAMA, 1967.

En 1948, Kennedy debe ser internado de urgencia mientras estaba realizando una gira mundial. Primero se lo interna en un hospital militar estadounidense de la base de Okinawa y luego en Boston, en la clínica Lahey. Allí, se hace cargo del paciente el doctor Bertels.* Lo trasladan luego al hospital Peter Bent Brigham. Su médico es el doctor George Widmer Thorn, una eminencia en afecciones de las glándulas suprarrenales, quien le diagnostica la enfermedad de Addison. Esta afección, descrita por el médico ingles Thomas Addison, es producida por una insuficiencia de la corteza de las glándulas suprarrenales. Se la conoce también como "enfermedad bronceada". Es por eso que Kennedy tenía siempre ese color bronceado que le daba un aspecto de persona "saludable" cuando la realidad era exactamente la contraria. Las suprarrenales son pequeñas glándulas que están ubicadas sobre los riñones —de ahí su nombre— que segregan diferentes tipos de hormonas: la corteza produce la aldosterona, el cortisol y esteroides androgénicos, el principal de los cuales es dehydroepiandrosterona y la médula produce la adrenalina y la noradrenalina. La función de la aldosterona es esencial para regular el equilibrio del sodio y del potasio a través de su acción sobre los túbulos renales. La adrenalina es esencial para permitir que el organismo reaccione ante las situaciones de alerta y stress. La cortisona juega un rol muy importante en la regulación del metabolismo de los azúcares, las grasas y las proteínas así como también en el de los mecanismos inmunológicos. Cuando las suprarrenales presentan un déficit en su función, la glándula hipófisis busca compensarla. Produce así una mayor cantidad de sus hormonas, una de cuyas consecuencias es la melanodermia que es lo que causa el color bronceado de la piel.

---

* J. y C. Blair, *The Secar for JFK*, Nueva York, Berkeley, 1976.

A Kennedy su enfermedad lo obsesiona. Sabe que, si la ciudadanía conociese sus enfermedades, sus posibilidades políticas se verían seriamente afectadas. Prohíbe, pues, que se hable de ese tema. Da precisas instrucciones a su portavoz, Theodore Sorensen, para cumplir con este mandamiento y, por lo tanto, debe ingeniárselas para ocultar sus ingresos al hospital por los casos que fueran inevitables. Sus dolores de espalda, consecuencia de la afección de la columna, lo obligan a usar un molesto corsé.

Durante su administración, Kennedy debió enfrentar situaciones de gran tensión. De algunas salió airoso. Fue el caso de su confrontación con Nikita Kruschev, a quien forzó a retirar los misiles instalados en Cuba. En otras, como el fallido desembarco de los contrarrevolucionarios cubanos y agentes de la CIA en Bahía de los Cochinos, en Cuba, y el inicio de la guerra en Vietnam, fueron fracasos rotundos. Muchos se han preguntado si la enfermedad de Addison tuvo que ver con estos errores. Es difícil saberlo pero no es descabellado conjeturarlo. Los addisonianos suelen presentar cambios de humor y de estados de ánimo. Pueden tener gran debilidad muscular y alteraciones de la memoria y del sueño. El tratamiento prolongado, a base de corticoides, también tiene sus complicaciones. Pueden aparecer cuadros alucinatorios. La masa muscular disminuye y se atrofia. Hay más probabilidad de distintos tipos de infecciones, los huesos pierden calcio. A su vez el tubo digestivo debe protegerse debido a que los corticoides pueden producir una lesión ulcerosa a nivel del estómago o en el duodeno. En época de Kennedy, el vademécum para la prevención de esta complicación era poco efectivo.

Kennedy no era un buen paciente. Desoía lo que le aconsejaban sus médicos y, en pos de dar esa imagen de superhombre, comete errores graves. Uno de ellos es el de hacerse inyectar anfetaminas con la finalidad de mejorar su estado de ánimo. Para ello cuenta con la connivencia del doctor Max Jacobson, médico neoyorkino a quien años después se le retiraría la licencia para practicar la medicina.

Pero a pesar de todo, la presidencia de Kennedy tuvo un gran apoyo popular. Y ahí estaba el Presidente embarcado en la planificación de su reelección. Fue por eso que, desoyendo los informes de seguridad que le desaconsejaban el viaje, llegó aquella fatídica tarde del 22 de noviembre de 1963, a Dallas, Texas. La caravana que lo lleva desde el aeropuerto a la ciudad es una demostración de que nada había que temer. Kennedy creía eso. Se lo ve sonriente y feliz ante el saludo y el afecto de la gente que sale al paso de la comitiva presidencial. Ése es el momento en que Harvey Lee Oswald, desde la ventana de un edificio de depósitos, apunta, a través de la mira de su carabina, al auto presidencial y se apresta a disparar. Y no fallará.

CAPÍTULO VEINTIUNO

Juan Pablo II
El atleta de Dios

Su elección fue dramática. Y su agonía también. Todo el mundo fue testigo del aniquilamiento de "el atleta de Dios". La televisión, la radio, los diarios y las revistas nos lo mostraron con lujo de detalles. Juan Pablo II protagonizó el "vía crucis" mediático más impactante que hasta aquí haya registrado la historia universal.

Fue elegido Papa en aquellas dramáticas jornadas de agosto de 1978 cuando el mundo estaba shockeado por el repentino fallecimiento del veneciano Albino Luciani, el Papa Juan Pablo I, tras un papado de 33 días. La información oficial sostuvo que la causa de su deceso había sido un infarto masivo de miocardio. Pero, al no haberse practicado la autopsia, la sospecha sigue rodeando esa muerte. En consecuencia, las versiones que aún hoy circulan por los medios de comunicación, algunos libros y el cine, hablan de una conspiración de altos dignatarios de la Iglesia que habría sido liderada por el cardenal Jean Villot con la participación de sectores de la mafia siciliana y la masonería.

Aquél, como siempre, era un momento delicado del mundo en el cual la Guerra Fría dominaba la escena internacional. Y sobre esto estaba a su vez la disputa interna de la Iglesia que todavía se agitaba por las pujas intestinas que causaba la implementación de las disposiciones del Concilio Vaticano II. Había, pues, la necesidad de elegir a alguien que diera una imagen de liderazgo y fortaleza muy diferente a la que irradiara Juan Pablo I en su breve paso por el trono de Pedro. Así, tras varias votaciones, indicios claros de esas disputas, apareció el humo blanco que anunció al mundo el "Habemus Papa". Un mundo que quedó impactado cuando vio aparecer en el balcón sobre la plaza de San Pedro a ese hombre de origen polaco, de nombre difícil pero con físico de atleta y rostro de actor de cine que, desde sus primeras palabras, demostró poseer un carisma poco común. Era el 16 de octubre de 1978.

Karol Woytila, que al aceptar el cargo lo hizo diciendo "es la voluntad de Dios," llegó con la convicción de ser un misionero. Tenía 58 años. Por lo tanto se propuso recorrer el mundo consciente de que al hacerlo algunas cosas cambiarían. Y, entre ellas, una fundamental: el comunismo. Su viaje a Polonia, ni bien comenzado su papado, abrió un rumbo que marcó cambios en los países detrás de la cortina de hierro. Rumbo que acabaría con la caída del muro de Berlín y el fin de la Unión Soviética y su área de influencia. Fue el mundo del "Fin de la Historia" de Fukuyama. Sin embargo no ha sido hasta aquí un mundo mejor.

Nuestro país lo tuvo también como un protagonista importante de su historia. En 1978, su mediación en el conflicto por los derechos de soberanía sobre el Canal de Beagle y las islas Picton, Lenox y Nueva evitó una guerra segura con Chile. En junio de 1982, su primer viaje a la Argentina, durante el conflicto bélico con Gran Bretaña, tuvo el valor de acompañar a un pueblo sufriente en vísperas de una traumática derrota en el campo de batalla.

Aisló y neutralizó a los líderes de la Teología de la Liberación y dio lugar al encumbramiento del ala más conservadora de la

Iglesia cuya influencia, como en el caso del Opus-Dei creció notablemente. Fue un firme defensor de la vida humana y de las tradiciones católicas en el área de la moral sexual, el celibato sacerdotal y la prohibición del sacerdocio para las mujeres. Fue un conservador en lo religioso y un progresista en lo político. El acercamiento con otras religiones, el perdón pedido a los judíos, hablan de un ecumenismo impar.

Realizó 104 viajes visitando 129 países. Proclamó a 482 santos y 1.338 beatos e invistió a 232 cardenales.

Pero volvamos a aquellos años del comienzo del papado de Juan Pablo II. Ahí estaba ese hombre inquieto desplazándose en medio de la multitud por la plaza de San Pedro ese 13 de mayo de 1981. Era el día de la Virgen de Fátima. Y allí, para sorpresa del mundo, está el turco Mehmed Ali Agca que, decidido, realiza tres disparos que hacen blanco en el cuerpo del Papa y le afectan una mano y el intestino. El Sumo Pontífice salva su vida de milagro, hecho que le agradecerá por siempre a la Virgen. Pero su salud ya no será la misma. Habrá de comenzar un largo y progresivo deterioro físico que incluirá un cáncer de intestino, la fractura del fémur y de un hombro y, desde comienzos de la década del '90, de la enfermedad que lo llevaría a la muerte: el Parkinson.

La parálisis agitans fue descrita por James Parkinson en 1917. Es una enfermedad del sistema nervioso que afecta, por lo general, a personas de la tercera edad aun cuando también existe la variante de comienzo a edad más temprana. Está causada, principalmente, por la degeneración de las células de la substancia nigra y del *locus coeruleus* que son las que producen la dopamina, un neurotransmisor que es fundamental para regular los movimientos finos y el tono muscular.

Los signos y síntomas característicos del Parkinson son la rigidez, los movimientos lentos (bradiquinesia), el temblor de reposo y la marcha arrastrada y a pequeños pasos. La articulación de la palabra se dificulta y el rostro se vuelve paulatinamente inexpresivo. El tratamiento es sintomatológico. La afección es incurable y con el correr del tiempo se observa el agravamiento de estos signos junto con el compromiso de otras partes del sistema nervioso que pueden producir deterioro del estado cognitivo llevando, en algunos casos, a verdaderos cuadros demenciales.

Juan Pablo II fue una muestra de todos estos efectos. Y fue una prueba que se pudo ver y escuchar. No sólo eso, también se hizo sentir en muchas de las concepciones religiosas y políticas de la Santa Sede a la que también afectó el parkinsonismo del Papa.

Y esto llegó a su final más dramático. Los hechos se precipitaron cuando, tras una gripe, apareció una laringo-tráqueo-bronquitis muy rebelde. En los estados tardíos de la enfermedad, la rigidez de la musculatura dificulta todos los movimientos, entre ellos los respiratorios y los deglutorios. Así, el paso del aire por la zona laringo-traqueal se ve severamente comprometida. Para solucionar eso se hace una traqueotomía. Se logra así asegurar el paso del aire hacia los pulmones pero con dos consecuencias indeseadas: la primera es la pérdida de la voz y la segunda la posibilidad de complicaciones infecciosas.

Para los trastornos deglutorios lo que se hace es colocar un catéter a nivel del estómago por donde se introduce la alimentación que se le suministra al paciente. Todo esto se le realizó a Juan Pablo II. Y nada funcionó.

En la trastienda del Vaticano no podía faltar la intriga. En definitiva ahí también la condición humana está presente. Las expresiones del secretario de Estado del Vaticano, Angelo Sodano, el lunes 7 de febrero de 2005, diciendo que la decisión de una renuncia *hay que dejarla a la conciencia del Papa* conlleva un enorme revuelo. ¿Está el Papa en condiciones de gobernar a la Iglesia?, se pregunta el mundo. Se inaugura un debate entre varios cardenales sobre la posible renuncia del Papa. Esto obliga al cardenal romano, Giovanni Battista Re, a declarar que *"es de mal gusto hablar"*. En el círculo íntimo de Juan Pablo II se toma una decisión. Hay que apurar la vuelta del Pontífice al Vaticano. El Papa sale en medio del frío el jueves 10 de febrero. Su laringo-traqueítis "está curada", afirman sus médicos. El domingo 13 pronuncia su bendición en el Ángelus pero sus colaboradores deben leer el resto de los mensajes. El miércoles 23 no puede celebrar su audiencia general semanal en la Plaza de San Pedro. Habla a los fieles allí congregados por medio de un video. Se encuentra disfónico y padece dificultades respiratorias. El jueves 24 nuevamente es internado en el policlínico Gemelli "a raíz de una recaída de la gripe". Por la noche se le realiza la traqueotomía. El Papa queda mudo.

Las imágenes del Santo Padre sin voz asomado al ventanal de la biblioteca que da a la plaza de San Pedro, su enojo ante la impotencia por no poder hablar, su angustiosa despedida frente a la multitud conmovieron y generaron polémica. ¿Hacía falta mostrar tanto sufrimiento? ¿Cuál era el objetivo de exhibir semejante nivel de aniquilamiento? ¿Era ésa la real voluntad del Papa? ¿Había afectación de su intelecto?

El via crucis llegó a su fin a las 21.37 del sábado 2 de abril de 2005. Unos minutos antes la ventana de la habitación del Papa, en el tercer piso del Palacio Apostólico, se iluminó de repente. Minutos después, el obispo argentino Leonardo Sandri, que había sido la voz del Papa durante su agonía, irrumpió en la Plaza de San Pedro en donde la multitud rezaba un rosario por la salud del Sumo Pontífice para anunciar, con voz inmutable que *"Nuestro Padre Santo, Juan Pablo, ha retornado al hogar del Padre. Oremos por él"*. Su papado, que duró 26 años y cinco meses, fue el tercero más largo de la historia después del de Pedro y el de Pío IX.

El nuevo papa Benedicto XVI aparentemente no padece problemas de salud crónicos a sus 78 años, pero ha sido internado por lo menos dos veces en la década de los años noventa.

En septiembre de 1991 sufrió un derrame cerebral que afectó temporalmente su ojo izquierdo, según el veterano periodista especializado en información sobre el Vaticano John Allen en su libro *Cardenal Ratzinger*. Sin embargo, no existen indicios de que haya dejado secuelas.

En agosto de 1992 sufrió un corte en la cabeza al resbalar en el baño durante unas vacaciones en los Alpes italianos.

Thomas Frauenlob, director del seminario San Miguel de Traunstein, donde el Papa estudió en su juventud y al que aún visita todos los años, dijo que no conocía que tuviera problemas de salud.

"Parece sano", dijo Frauenlob. *"Viene y come y bebe lo que quiere."*

Pero el reverendo Thomas Reese, especialista en asuntos vaticanos, expresó la opinión de que la salud del nuevo pontífice "no fue tan buena" durante el año anterior a su designación papal.

En el Vaticano existió el rumor de que un Papa con alguna dolencia oculta podía abreviar su paso por el trono de Pedro.